글누림 문화콘텐츠 총서 15 | 이야기로 듣는 상법

저자 소개

이훈종 호서대학교 법학전공 교수

글누림 문화콘텐츠 총서 15

이야기로 듣는 상법

초판 인쇄 2007년 11월 1일
초판 발행 2007년 11월 5일
지은이 이훈종
펴낸이 최종숙
편집 양지숙 권분옥 이소희
펴낸곳 도서출판 글누림
주소 서울 서초구 반포4동 577-25 문창빌딩 2층
전화 3409-2055
팩시밀리 3409-2059
등록 2005년 10월 5일 제303-2005-000038호
전자우편 nurim3888@hanmail.net
값 9,000원
ISBN 978-89-91990-58-6 03360

글누리 문화콘텐츠 총서 15

이야기로 듣는 상법

이훈종 저

글누리

글누림 문화콘텐츠 총서 발간에 부쳐

호서대학교 문화콘텐츠 연구 역량이 결집된 글누림 문화콘텐츠 총서 발간을 진심으로 축하합니다.

지금 우리 주변에는 창의적이고 도전적인 선구자들이 새로운 학문을 개척하는 모습을 많이 볼 수 있습니다. 특히 환경이 악화되고, 사회가 복잡해지면서 인류의 정체성 문제가 새로운 물음으로 대두되고 있습니다. 이제 인류의 미래와 번영에 대한 문제는 단순히 미래학자들의 몽상 속에서 등장하는 물음이 아니라 인류의 생존을 가늠하는 현실적인 문제가 되었습니다. 이런 중에 문화에 대한 탐구는 21세기 학문의 가장 빛나는 중심이 될 것이라고 믿어 의심치 않습니다.

이번에 발간되는 2차 글누림 문화콘텐츠 총서는 이와 같은 학문 내·외적 물음에 대하여 우리 대학 연구자들이 마련한 성실한 답변서라고 할 수 있습니다. 이 총서가 우리 대학을 세계적인 명문대학으로 성장시킬 'World Class 2030 Project'의 한 부분이 될 것을 기대합니다.

지난 1차 글누림 문화콘텐츠 총서에 이어 미개척의 학문 분야인 문화콘텐츠 분야에 대한 도전적이고 창의적인 정신을 실현한 우리 대학의 문화콘텐츠 총서 기획단, 집필진 여러분의 노고와 결실에 다시 한번 경의를 표합니다.

호서대학교 총장 강 일 구

EDITOR'S NOTE

문화가 21세기를 이끌 새로운 분야로서 등장하기 시작한 것은 얼마 되지 않았는데, 지금은 학문의 중심 테마로 자리 잡아가고 있다. 산업 분야에서는 21세기의 새로운 지식 산업으로서 문화 산업이 이제는 당당히 한 자리를 차지하고 눈부시게 성장하고 있는 것을 확인할 수 있다.

이러한 현상은 근대 학문 체계에 대한 회의와 맞물려 있는데, 이 점도 주목해야 할 것이다. 이미 20세기 후반부터 각 분과 학문의 분류 체계에 대해 회의하기 시작했고, 한편으로는 개별 학문을 넘어선 통합 학문을 지향하거나, 학문 간 연계를 강화한 이른바 학제 간 학문이 강조되었으며, 다른 한편으로는 학문의 근본 요소에 대한 성찰도 강화되었다.

이러한 경향은 학문의 정체성 찾기와 학문의 보편성, 그리고 학문 제도에 대한 근본적 반성과 새로운 학문 제도의 형성이라는 다소 상반되고 혼란스러운 현상으로 나타나고 있다. 이것은 그동안의 각 분과 학문이 개별적이고 고립된 대상에 대한 연구였다는 고백과 반성으로 요약할 수 있다.

여러 학문 중에서 특히 인문학은 인간과 인류에 대한 탐구라는 점에서 이와 같은 새로운 학문적 경향을 선도하는 역할을 해야 한다. 그러기 위해서 인문학은 개인, 고립된 주체에 대한 탐구를 지양해야 한다.

흔히 인간은 생각하는 동물이라고 한다. 인간은 생각하는 능력 때문에 동물과 다른 변별적인 특성을 갖는다는 말이다. 이와 같이 인류라는 한 집단이 다른 동물종들의 집단과 구별되는 변별적인 특징들도 찾아 볼 수 있을 것인데, 그 여러 가지 중에서 문화는 가장 중요한 변별적 특질이라고 할 수 있다. 인류는 다른 군집과는 다른 그들만의 독특한 문화를 만들어낼 수 있다. 인류를 인류로서 구별하게 하는 이 문화가, 인류의 사고하는 능력에 못지않게 중요한 인문학의 테마로 부각되는 이유가 거기에 있다.

우리 대학은 기독교 정신과 벤처 정신으로 성장하는 학교이다. 기독교 정신은 나와 하나님, 인류를 사랑하는 정신이다. 벤처 정신은 창의적인 도전이고 한 걸음 더 나아가는 모험의 정신이다. 우리 대학은 이러한 정신을 산학 연계와 교육에서 실현하고자 애썼고, 어느 분야에서는 일정한 정도의 그 선도적 의의를 인정받고 있다. 이제는 이러한 역량이 학문 분야에서도 실현되어 학문을 선도할 때가 되었다. 문화의 탐구, 문화콘텐츠의 생산이 바로 그것이다.

이미 1차 총서에서 천명한 바와 같이 이 총서는 '교양 있는 일반인'을 위한 '문화콘텐츠'의 학술적 동향을 안내하는 것이 그 목적이다. 쉽고 간결한 문체를 선택하고, 그림과 도표로써 이해를 돕도록 하며, 설명을 위한 최소한의 주석만 넣는 등의 편집 지침은 이전과 동일하다. 선정이 까다롭고 지원이 크지 않았음에도 불구하고 연구 성과가 풍성했다. 향후 3차 총서에서도 21세기 학문을 반성하는 문화학의 테마와 그의 산학적 실천이라는 문화콘텐츠 생성에 보다 의미 있는 저작이 풍성하게 결실하기를 희망한다.

호서대학교 한국어문화학부 김성룡

PROLOGUE

물은 우리에게 홍수라는 천재지변으로 큰 피해를 주기도 하지만, 우리의 생명을 유지하는 데 있어서 반드시 필요한 자원이기도 합니다. 기업도 이와 같아서 때로는 심각한 사회적 문제를 야기하지만, 기업이 없으면 현대인의 사회생활이 유지될 수 없습니다. 따라서 지성인이라면 기업에 관련된 현행법의 규정과 법원의 판결을 이해하고 비판할 수 있는 능력을 갖출 필요가 있습니다.

이 책을 읽는 분들에게 $E = mc^2$이라는 공식을 이야기하고 싶습니다. 간단히 이야기한다면 '에너지 = 질량 × 속도의 제곱'이라는 공식입니다. 이 공식이 중요하다는 것을 알고 있는 사람들은 많지만, 그 의미를 제대로 이해하는 사람은 거의 없다고 합니다.

이 책과 관련하여 $E = mc^2$이라는 공식을 이렇게 풀어보고 싶습니다.

상법을 이해하고 비판할 수 있는 능력 = 상법에 관한 참고문헌 × 본인의 노력의 제곱

상법을 이해하고 비판할 수 있는 능력을 갖추기 위해서는 본인의 노력이 제일 중요합니다. 많은 참고문헌은 부수적인 역할을 할 뿐이지요. 이 책 역시 상법에 관한 많은 참고문헌 중의 하나일 뿐입니다. 더구나 방대한 상법 분야 중 일부만을 다루고 있습니다.

저는 여기서 상법을 이해하고 비판할 수 있는 능력을 향상시키는 방향을 제시하였습니다. 상법이 무엇인지 이해하고 생각하고 검토하려는 것입니다.

또한 쉽고 재미있게 설명하기 위해 상법을 이야기식으로 전개하는 방법을 택했습니다. 때로는 가상적인 인물과 회사가 출현하게 되지요. 그래서 유비나 장비 혹은 촉나라인터넷 주식회사가 등장하기도 합니다. 이 책이 소설과 유사한 점은 이러한 이야기 전개 방식에 있습니다. 그러나 이 책에서는 통상의 소설과는 달리 법의 규정, 판례 및 이론을 토대로 이야기가 전개됩니다. 이 책을 읽는 분들이 본문에서 설명하고 있는 판례를 이해한 후에 그에 대한 이야기를 창의적으로 전개하고 비판할 수 있다면 훌륭한 상법 전문가가 될 수 있다고 생각합니다.

이 책이 나오기까지 많은 도움을 주신 분들께, 특히 아버님, 어머님, 장인어른, 장모님, 스승님, 호서대학교 총장님께 감사드립니다. 친한 친구 같은 아내 그리고 어느덧 고등학생과 중학생이 된 광민이와 유민이도 빼놓을 수 없군요.

천안(天安)에서
2007년 가을
이 훈 종

CONTENTS

2. 총론

이야기로 듣는 상법

1. 서론

(1) 법의 의의

❶ 서설

"법이란 무엇인가요?"

"법(法)이란 정의(正義)를 이념으로 정치적으로 조직화된 사회 특히 국가에서 그 구성원에 대하여 강제력(强制力)을 갖는 규범입니다."

"좀 더 설명해주시지요."

"'사회가 있는 곳에 법이 있고, 법이 있는 곳에 사회가 있다.', '법이란 사회생활을 유지하기 위하여 지켜야 할 소중한 약속이다.', '뱀이 마시면 독이 되고, 젖소가 마시면 우유가 된다.', '코에 걸면 코걸이 귀에 걸면 귀걸이', '유전무죄(有錢無罪) 무전유죄(無錢有罪)'라는 말들을 덧붙일 수 있습니다."

"많은 이야기를 들으니 오히려 헷갈리는 것 같습니다. 좀 쉽게 설명할 수 없을까요?"

"法(법)이란 한자는 삼수 변[氵= 水]에 갈 거(去)로 풀어볼 수 있습니다. 그래서 法(법) = 水(수) + 去(거)입니다. 비유적으로 법이란 물이 흘러가는 것이라고 이야기할 수 있지요.

우리가 갈증이 날 때에는 물을 마셔서 갈증을 해결하지요. 마찬가지로 사회에 분쟁이 일어날 때는 법을 통해서 그 분쟁을 해결하게 됩니다. 그런 의미에서 법은 물처럼 사람들에게 필요한 존재이지요.

물의 종류가 마실 물, 세숫물, 시냇물, 강물, 바닷물 등 매우 다양한 것처럼 법의 종류도 헌법, 민법, 상법, 형법, 민사소송법, 형사소송법 등 매우 다양하지요. 더구나 동일한 사건에 대하여 법관이 동일한 법률의 동일한 규정에 근거하여 판결을 하더라도 판결한 내용이 달라질 수 있습니다."

"그러고 보니 하급법원에서 판결한 내용과 대법원에서 판결한 내용이 다른 경우가 있습니다. 왜 그런 것입니까?"

"당연한 현상입니다. 동일한 법률의 규정이라 하더라도 보는 사람의 시각에 따라 달라질 수 있습니다."

"보는 사람의 시각에 따라 달라진다는 것은 무슨 말입니까?"

"법관은 법률에 근거하여 판결을 합니다. 그러나 법률의 규정을 어떻게 해석하느냐에 따라서 판결의 내용이 달라질 수 있습니다. 그래서 동일한 법률 규정을 적용하여 판결을 하였다 하더라도 하급법원에서 판결한 내용과 대법원에서 판결한 내용이 달라질 수 있다는 것입니다."

"하급법원에서 오류를 범하였으니까 대법원에서 올바르게 판결한 것 아닙니까?"

"물론 그런 경우도 있습니다. 그러나 보는 시각이 다르기 때문에 서로 다르게 판결할 수도 있습니다."

"좀 이해하기 어려운 이야기군요."

❷ 윤락녀를 바라보는 시각

"그러면 최일도 목사님의 이야기를 잠깐 하지요. 이분은 「밥짓는 시인 퍼주는 사랑」, 「이밥 먹고 밥이 되어」, 「참으로 소중하기에… 조금씩 놓아주기」 등 여러 권의 책을 썼습니다. 그중 청량리에서 목회를 하면서 윤락녀와 대화한 내용 중 일부를 소개하고자 합니다."

> 어떻게 하나님 나라에서 살 수 있나요?
>
> 아무리 고통스러운 환경이라도 사랑의 나눔이 있는 곳은 그 어디나 하늘나라요, 어디에서나 좋은 세상이 열리는 거란다.
>
> 나 같은 년 위해서도 기도하는 거예요?
>
> 너 같이 아름답고 귀한 딸이 또 어디 있니? 사랑의 눈으로 보면 어느 것 하나 사랑스럽지 않은 게 없고 그 모든 사람들이 다 귀하기만 하지.
>
> 정말 나도 아름다운 거예요? 정말이에요?
>
> 그럼, 너는 처음부터 아름다웠고 지금도 아름다워. 참으로 아름답단다.

"이 책에서 최일도 목사는 윤락녀를 아름답고 귀하다고 이야기하였습니다. 난 감동했습니다. 그리고 나는 어떤 시각으로 세상을 바라보고 있느냐를 생각하게 되었습니다.

세상은 보는 시각에 따라 달라지기 때문에 어떤 시각으로 세상을 보느냐는 매우 중요한 문제입니다. 사랑이라는 이름의 안경을 쓰고서 바라본다면 세상은 사랑스럽게 보일 것이고, 증오라는 이름의 안경을 쓰고서 바라본다면 모든 것이 증오의 대상이 될 것입니다. 사랑의 눈으로 세상을 바라보고 싶다는 생각을 했지요."

"그분은 목사님이니까 그런 생각을 할 수 있겠지요. 제가 알기론 성매매를 한 여성은 처벌받게 되는데, 처벌받아야 하는 여성이 아름답다는 것은 말이 안 되는군요."

"물론 성매매를 한 자는 처벌을 받게 되지요. 성매매알선 등 행위의 처벌에 관한 법률에 따르면 성매매를 자발적으로 한 여성은 1년 이하의 징역이나 300만 원 이하의 벌금 · 구류 또는 과태료에 처하게 됩니다.[1] 그러나 여기서 하려는 이야기는 그런 의미가 아니지요. 손가락으로 달을 가리키고 있는데, 달을 봐야지 손가락을 보면 곤란하죠."

1 성매매알선 등 행위의 처벌에 관한 법률21조1항.

❸ 오백 원짜리 동전을 보는 시각

“다른 이야기를 하나 해주시죠.”

“그러면 한국은행에서 발행한 오백 원짜리 동전을 보고 생각해보시지요. 뒷면에는 500이라는 숫자가 인쇄되어 있지만, 앞면에는 아름다운 한 마리 학이 날아가고 있습니다. 동전의 뒷면만을 본 사람에게 동전에는 무엇이 있느냐고 물어본다면 500이라는 숫자가 인쇄되어 있다고 대답하겠지만, 동전의 앞면만을 본 사람에게 동전에는 무엇이 있느냐고 물어본다면 아름다운 한 마리 학이 날아가고 있다고 대답할 것입니다.

이처럼 동일한 동전에 관한 질문에 대하여 사람에 따라 다른 대답이 나올 수 있습니다. 마찬가지로 동일한 법률규정에 근거하여 판결을 내리는 경우에도 그 규정을 어떻게 해석하느냐에 따라서 다른 판결이 나올 수 있습니다.”

(2) 단편 상법 이야기

상법(商法)은 상인에 관한 법이라고 할 수 있습니다. 유비(劉備)는 남대문시장에서 돗자리를 팔려고 합니다. 한황제(漢皇帝)가 사업자금을 투자하지만, 대외적으로는 유비만이 권리의무의 귀속주체가 되기로 하였지요. 익명이지만 조직적으로 힘을 합하여 기업을 운영하는 익명조합(匿名組合)의 형태를 취한 것이지요. 유비는 혼자서 모든 업무를 처리하기가 어려워 상업적으로 사용되는 사람[人]인 상업사용인(商業使用人)으로 마속(馬謖)을 고용하였습니다.

돗자리를 팔아봤지만 별 이익이 없자 유비는 마속을 해임하고, 한황제와의 관계를 청산하였습니다. 그 후 유비는 도원(桃園)에서 만난 관우(關羽), 장비(張飛)와 함께 삼국지 등을 소재로 한 게임의 개발을 목적으로 하는 사업을 하기로 결의하고, 주식을 소유한 주주로 구성되는 회사인 주식회사(株式會社)를 설립하였지요.

상거래에 관하여 인격이 인정되는 자인 상인(商人)은 유비일까요? 촉나라인터넷 주식회사일까요? 자연스럽게 인격이 인정되는 자인 자연인(自然人) 유비가 아니라 법에 의하여 인격이 인정되는 자인 법인(法人) 촉나라인터넷 주식회사가 상인이 됩니다. 즉, 촉나라인터넷 주식회사가 상거래에 관한 권리의무의 귀속주체가 됩니다.

이사들로 구성되는 회의체인 이사회(理事會)는 주식회사를 대표할 권한을 갖는 대표이사로 제갈공명(諸葛孔明)을 선임하였으며, 천안지점의 지배인(支配人)으로 위연(魏然)을 임명하였습니다. 위연은 천안지점을 지배하는 사람[人]이 된 것이지요. 이사회는 일천만 원 이상의 물품을 구매할 때에는 이사회의 사전 승인을 얻도록 위연의 권한을 제한하였습니다. 그러나 위연은 지배인에 대한 내부적 제한을 위반하여 거액의 거래를 함으로써 촉나라인터넷 주식회사에 큰 손해를 끼쳤습니다. 위연을 해임한 후 조자룡(趙子龍)과 마초(馬超)를 공동지배인(共同支配人)으로 임명하였습니다. 공동으로 천안지점을 지배하는 사람이 된 조자룡과 황충은 열심히 일하였지만, 천안지점의 매출액은 계속 줄어들기만 하였습니다.

다른 일도 겹쳐 촉나라인터넷 주식회사의 운영이 어려워지자 유비, 관우, 장비는 소유한 주식을 조조(曹操)에게 양도하게 되었습니다. 촉나라인터넷 주식회사가 발행한 주식의 전부를 조조 1인이 소유한 회사인 일인회사(一人會社)가 된 것이지요.

(3) 소송과 권투시합

❶ 서설

"실제로 소송을 제기하여 권리를 행사하는 것은 권투시합을 하는 것과 비슷합니다."

"무슨 말씀이십니까?"

"주식회사의 경리부장이 직무와 관련하여 자금을 차용하였지만, 자신의 개인적 이익을 위하여 그 자금을 사용한 사건이 있었습니다. 원고은행이 주식회사를 피고로 하여 소송을 제기하고, 여러 가지 방법으로 자신의 권리를 행사하려고 하였습니다.

원고은행은 ① 경리부장이 피고회사의 부분적 포괄대리권을 가진 상업사용인이므로, 피고회사가 책임을 부담하여야 하며, ② 설사 이러한 상업사용인이 아니라 하더라도, 경리부장의 표현대리에 관하여 피고회사가 책임을 져야 하며, ③ 설사 이러한 책임을 부담하지 아니한다 하더라도, 피고회사가 피용자의 행위에 대한 손해배상책임을 져야 한다고 주장하였습니다."

"다양하게도 권리를 주장했군요."

"사실은 원고은행의 소송을 대리한 변호사가 그렇게 주장한 것이지요. 이 사건에 관한 판결을 살펴보겠습니다."[2]

❷ 부분적 포괄대리권에 관한 대법원 판결

"먼저 경리부장이 피고회사의 부분적 포괄대리권을 가진 상업사용인이라는 원고의 주장에 대하여 살펴보지요. 대법원은 피고회사의 자금차입을 위하여 이사회의 결의를 필요로 하는

2 대법원 1990. 1. 23. 선고 88다카3250 판결.

등의 사정에 비추어 보면 특별한 사정이 없는 한 경리부장이 독자적으로 자금을 차용할 수 있는 권한을 피고회사로부터 위임받지 않았다고 보았습니다. 이 사건에서는 경리부장이 자금 차용에 관한 권한을 위임받았다고 볼 만한 특별한 사정이 없었기 때문에 경리부장에게는 상법 제15조의 부분적 포괄대리권이 없다고 판결하였지요."

부분적 포괄대리권을 가진 상업사용인 여부에 관한 대법원 판결

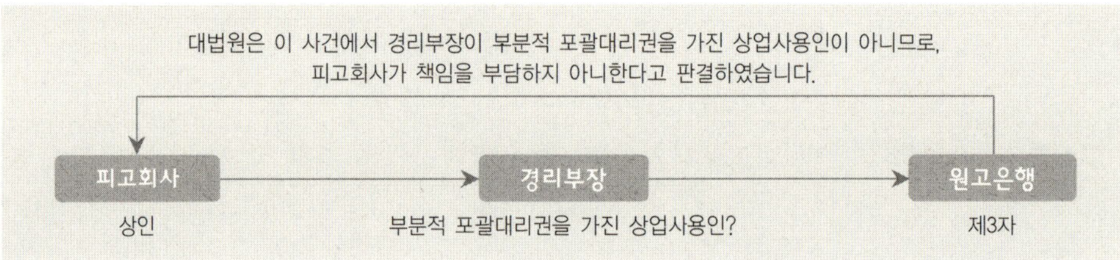

"만약 경리부장에게 부분적 포괄대리권이 있다고 판결했다면 결과가 달라졌습니까?"

"그렇겠지요. 부분적 포괄대리권(部分的包括代理權)을 가진 상업사용인이란 부분적이지만 포괄적인 대리권을 갖는 상업사용인을 말합니다. 영업에 관한 특정한 종류 또는 사항에 대한 위임을 받아 그에 관한 재판 외의 모든 행위를 할 수 있는 권한을 가진 상업사용인이지요. 피고회사가 부분적 포괄대리권을 가진 상업사용인에 대하여 대리권을 제한할 수 있지만, 대리권에 대한 제한은 선의의 제3자에게 대항할 수 없습니다."[3]

"대법원이 경리부장에게 부분적 포괄대리권이 있다고 판결했다면 원고은행이 손쉽게 승소했겠군요."

3 상법15조.

❸ 표현대리에 관한 대법원 판결

"그 다음에 대법원은 경리부장의 자금차입이 피고회사와의 관계에 있어서 권한을 넘은 표현대리에 해당하는가에 대하여 살펴보고 있습니다. 대법원은 원고은행이 피고회사에 대하여 표현대리책임을 묻기 위해서는 원고은행이 거래상대방으로서 선의이면서 무과실이어야 한다는 점을 밝히고 있습니다.

이 사건에서는 원고은행이 정상적인 대출절차를 밟았더라면 경리부장에게 대리권이 없었다는 것을 알 수 있었다고 합니다. 따라서 원고은행이 주의를 다하지 아니한 과실이 있었으므로, 원고은행은 피고에게 표현대리책임도 물을 수 없다고 판결하였습니다."

표현대리에 관한 대법원 판결

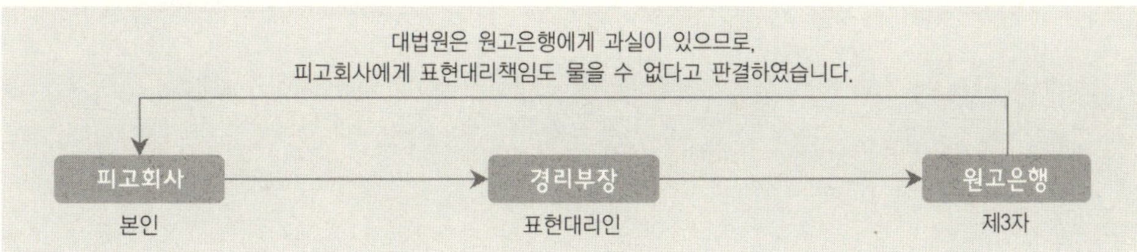

"대리란 무엇인가요?"

"대리(代理)란 본인(本人)을 대신(代身)하여 이치(理致)에 맞는 행위를 하는 것입니다. 대리인(代理人)이 본인을 위하여 의사표시를 하거나 받음으로써 그 효과가 본인에게 발생하는 제도이지요. 영업에 관한 거래를 대리하는 경우는 물론 일상생활 속에서도 대리를 하는 경우를 볼 수 있습니다.

이몽룡(李夢龍)이 대리인 성춘향(成春香)을 통하여 주택을 매수한다고 생각해보지요. 대리인 성춘향이 본인 이몽룡을 위하여 대리행위를 하고, 그 효과는 이몽룡에게 생기게 할 수 있습니다. 성춘향은 이몽룡을 대리하여 주택의 소유자 임권택(林權澤)과 매매계약을 체결하고, 계약서를 작성합니다. 그 계약서에 계약금, 중도금, 잔금 등이 기재되며, 본인 이몽룡과 대리인 성춘향도 기재됩니다. '이몽룡의 대리인 성춘향 ㉑'이라는 식으로 매매계약서에 기재하면 됩니다. 성춘향은 잔금을 지급하고 소유권이전등기에 필요한 서류를 넘겨받은 후 주택을 이몽룡의 이름으로 등기하게 됩니다."

성춘향이 이몽룡을 대리하여 임권택으로부터 부동산을 매수하는 경우

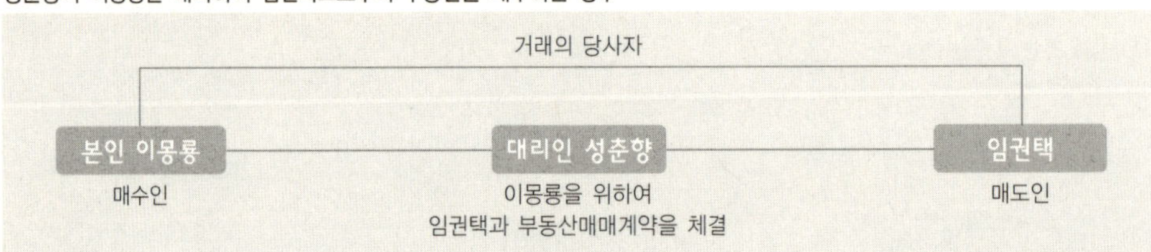

"표현대리(表見代理)란 겉으로[表] 나타나기에는[見] 대리권이 존재하는 것처럼 보이는 것, 즉 대리인에게 대리권이 없음에도 불구하고 마치 대리권이 존재하는 것처럼 보이는 것을 의미합니다.

민법에 따르면 대리인이 권한 외의 법률행위를 하였지만, 제3자가 그 권한이 있다고 믿을 만한 정당한 이유가 있는 경우 본인은 그 행위에 대하여 책임을 져야 합니다.[4] 대법원은 제3자

4 민법126조.

가 선의(善意)이며 무과실(無過失)인 경우 제3자에게 정당한 이유가 있다고 합니다.[5]

만약 경리부장이 권한 외의 행위를 하였지만, 원고은행이 권한 외의 행위를 한다는 사실을 알지 못하였으며 과실이 없었다면, 피고회사가 경리부장의 행위에 대하여 책임을 져야 한다는 판결을 하였겠지요."

❹ 사용자책임에 관한 대법원 판결

"결국 대법원은 어떻게 판결하였습니까?"

"경리부장은 회사의 은행거래, 유가증권의 할인 등에 의한 피고회사의 자금조달의 사무를 집행하는 자였습니다. 이 점에 비추어 대법원은 이 사건에서의 대출은 외형상 경리부장의 사무집행에 관하여 이루어진 것이라고 판단하였습니다. 또한 원고은행은 선의였다고 판단하였습니다. 따라서 대법원은 피고회사가 경리부장의 사용자로서 원고가 입은 손해를 배상할 책임이 있다고 판결하였습니다."

사용자책임에 관한 대법원 판결

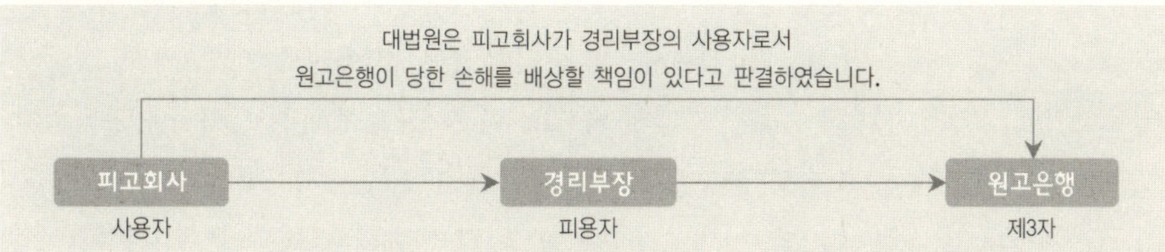

5 1990. 1. 23. 선고 88다카3250 판결.

"사용자책임은 무엇인가요?"

"사용자책임(使用者責任)이란 사용자가 피용자의 행위에 대하여 부담하는 책임을 말합니다. 타인을 사용하여 사무에 종사하게 한 자[使用者]는 피용자(被用者)가 그 사무집행에 관하여 제3자에게 손해를 준 경우 피용자의 선임과 감독을 게을리하지 아니하였다는 것을 입증하지 못하면 그 손해를 배상할 책임이 있습니다.[6] 피용자의 직무에 관한 행위로 이익을 얻는 사용자가 피용자의 직무에 관련된 행위로 인하여 손해를 당한 자에게 손해를 배상하는 것이 공정하므로, 사용자에게 부과되는 책임입니다. 다만 피용자의 행위가 사무집행 행위에 해당하지 않음을 피해자가 알고 있었거나 중대한 과실로 인하여 알지 못한 경우에는 사용자책임을 추궁할 수 없습니다.[7] 만약 원고은행에게 악의(惡意) 또는 중과실(重過失)이 있었다면, 피고회사가 사용자책임을 부담하지 아니한다는 판결을 하였겠지요."

❺ 소송과 권투시합의 유사한 점

"그런데 소송이 어떤 점에서 권투(拳鬪)와 비슷합니까?"

"비유적으로 생각해보면 유사한 점이 많지요.

권투는 두 사람의 선수가 양손에 글러브를 끼고 서로 상대를 쳐서 승패를 가리는 경기이지요. 세컨드(second)가 선수에게 작전을 지시하거나 땀을 닦아 주죠. 소송에서는 원고와 피고 두 사람이 서로 자기의 주장을 내세워 승패를 가리게 되지요. 변호사도 소송에서 당사자를 도와주지요."

"그러면 앞에서 살펴본 소송도 권투시합과 유사한 점이 있습니까?"

"이 소송에서 원고은행은 다양한 방법으로 피고를 공격하였습니다. 처음에는 경리부장이 피고

6 민법756조.
7 대법원 2004. 1. 23. 선고 2003다6333 판결 등.

회사의 부분적 포괄대리권을 가진 상업사용인이니까 피고회사가 책임을 져야 한다고 주장하였으며, 두 번째에는 경리부장이 민법상 표현대리인이므로 피고회사가 책임을 져야 한다고 주장하였습니다. 그러나 대법원은 이 두 가지 주장을 받아들이지 않았습니다. 그러자 세 번째에는 피고회사가 사용자로서 피용자의 행위에 대한 책임을 져야 한다고 주장하였습니다. 이 주장을 대법원이 받아들이게 되었습니다. 만약 세 번째 주장을 하지 아니하였다면 원고은행은 패소하였겠지요.

어떤 권투선수가 어퍼컷(upper cut), 스트레이트(straight), 잽(jab) 등을 능숙하게 구사하여 시합하는 것을 생각해보지요. 처음에는 밑으로부터 턱을 올려치는 어퍼컷을 구사하여 상대방을 케이오(K.O.)시키려고 하였습니다. 두 번째에는 일직선으로 치는 스트레이트를 이용하여 상대방을 케이오시키려 하였습니다. 그러나 상대방은 유연하게 잘 피했습니다. 그러자 세 번째에는 짧게 치는 잽을 이용하여 상대방을 다운시켰습니다. 만약 이 권투선수가 멍청하거나 실력이 미숙하여 능숙하게 잽을 구사하지 못했더라면 시합에서 패배하였겠지요."

(4) 권리행사방법과 등산코스

❶ 서설

"사업을 하다보면 어음을 취급하는 경우가 많이 있습니다. 어음을 소지한 사람이 권리를 행사하는 방법과 관련하여 등산코스를 자유롭게 선택할 수 있느냐를 살펴보지요.

어음에 관한 소송에서는 민법, 상법 및 어음법 등 다양한 법률의 조문(條文)이 적용되고 있습니다. 민법에 따르면 대리인이 권한 외의 법률행위를 하였지만, 제3자가 그 권한이 있다고 믿을 만한 정당한 이유가 있는 경우 본인은 그 행위에 대하여 책임이 있습니다.[8] 상법에 따르면 회사는 표현대표이사(表見代表理事)의 행위에 대하여 선의의 제3자에게 책임을 지게 됩니다.[9] 어음법에는 어음소지인이 어음채무자를 해할 것을 알지 못하고 어음을 취득한 경우 어음채무자가 어음소지인에게 대항할 수 없다는 인적항변(人的抗辯)의 절단(切斷)에 관한 규정이 있습니다.[10]

대법원은 어음에 관한 소송에서 어떤 조문이 적용되느냐에 따라서 제3자가 보호받게 되는 요건을 다르게 해석하고 있습니다. 어려운 이야기가 다소 포함되어 있으니 차분히 검토해보지요."

❷ 약속어음

"먼저 어음에 대하여 설명해주시지요."

"어음은 약속어음과 환어음으로 나누어볼 수 있습니다. 환어음은 국제 거래에서 많이 사용되고 있으며, 약속어음은 국내 거래에서 많이 이용되고 있습니다. 여기서는 약속어음에 대하여 살펴보지요. 약속어음이란 지급을 약속하는 어음, 즉 발행인이 일정한 금액을 수취인(受取人) 등 증권상의 권리자에게 지급할 것을 약속하는 증권입니다."

"유장(劉璋)이 물건을 납품하면서 그냥 외상으로 하지 말고, 약속어음을 발행하여 달라고 부탁을 하고 있습니다. 그래서 약속어음을 발행하여 유장에게 교부하려고 합니다."

"그러면 촉나라인터넷 주식회사가 2005년 5월 1일 약속어음을 발행하여 유장에게 교부하는 예를 살펴보지요. 촉나라인터넷 주식회사는 2005년 8월 1일을 만기로 하는 액면 금액 1천만 원인 약속어음을 발행하여 유장에게 교부합니다. 당신은 촉나라인터넷 주식회사를 대표할

8 민법126조.
9 상법395조.
10 어음법17조.

권한을 갖고 있는 대표이사(代表理事)이므로, 촉나라인터넷 주식회사를 대표하여 여러 가지 거래를 하게 되지요. 촉나라인터넷 주식회사를 대표하여 어음을 발행하는 일도 당신의 직무범위에 포함됩니다. 대표이사가 주식회사를 대표하여 어음을 발행할 경우 일정한 사항을 기재한 후 법인의 상호와 더불어 대표자격을 표시하고, 대표이사가 기명날인 또는 서명합니다. 어음 앞면에 '촉나라인터넷 주식회사 대표이사 유비 ㊞'이라고 기재하여 유장에게 어음을 교부하게 됩니다. 대표이사는 주식회사를 대표할 권한을 갖고 있을 뿐이므로, 유비(劉備)가 발행인이 되는 것은 아닙니다. 촉나라인터넷 주식회사가 발행인이 됩니다.

아마도 다음과 같이 금전의 지급을 약속하는 약속어음을 발행하게 되겠지요."

약속어음

NO. 1

유장 앞

일금	일천만원 정	₩10,000,000	
위의 금액을 유장 또는 그 지시인에게 이 약속어음과 상환하여 지급함.			
	발행일 2005. 5. 1.	지급일 2005. 8. 1.	
지급지	서울특별시		
지급장소	서울특별시 삼국지은행 삼국동지점		
발행지	서울특별시		
발행인	촉나라인터넷 주식회사 대표이사 유비 ㊞		

"촉나라인터넷 주식회사로부터 약속어음을 교부받은 유장을 수취인(受取人)이라고 하지요. 유장은 어음을 소지하고 있다가 만기(滿期)에 촉나라인터넷 주식회사에 일천만 원의 지급을 청구하거나 다른 사람에게 어음을 양도할 수 있습니다. 유장이 손권에게 어음을 양도하는 경우를 살펴보지요. 유장은 어음 뒷면에 '유장 ㊞'이라고 기재하여 손권에게 어음을 양도합니다. 이와 같이 어음을 양도하는 방식을 배서(背書)라고 합니다. 배서란 어음 뒷면[背]에 쓰는 것[書]을 의미합니다. 배서하는 사람을 배서인(背書人)이라고 하고, 배서 받는 사람을 피배서인(被背書人)이라고 합니다. 여기서 배서인은 유장이 되고, 피배서인은 손권이 됩니다."

"손권은 어음을 소지하고 있다가 만기에 일천만 원의 지급을 청구하거나 다른 사람에게 어음을 양도할 수 있습니다.

손권이 2005년 8월 1일 촉나라인터넷 주식회사에 어음금의 지급을 청구한다면, 촉나라인터넷 주식회사는 어음금 1,000만 원을 지급하여야 합니다. 만약 촉나라인터넷 주식회사가 어음금을 지급하지 못한다면, 손권은 배서인 유장에게 어음금의 지급을 청구할 권리가 있습니다."

❸ 민법상 표현대리에 관한 규정에 의한 권리행사

"어음에 관한 기본적인 내용을 살펴보았으니 본격적으로 문제되는 점을 살펴보지요. 대법원은 어음에 관한 소송에서 어떤 조문(條文)이 적용되느냐에 따라서 제3자가 보호받게 되는 요건을 다르게 해석하고 있습니다.

먼저 민법상의 표현대리에 관련된 것을 이야기하도록 하겠습니다. 민법에 따르면 대리인이 권한 외의 법률행위를 하였지만, 제3자가 그 권한이 있다고 믿을 만한 정당한 이유가 있는 경우 본인은 그 행위에 대하여 책임이 있습니다.[11] 대법원에 따르면 권한을 넘은 표현대리에 관한 민법의 규정에서 제3자란 당해 표현대리행위의 직접적인 상대방이 된 자만을 지칭하는 것입니다. 다만 직접적인 상대방에 대한 관계에서 표현대리의 요건이 충족된 경우에 그 후의 어음취득자가 이 요건을 원용하는 것은 가능하다고 합니다."[12]

"조금 어려운 이야기인 것 같군요. 천천히 이야기해 주시지요."

"구체적인 예를 드는 것이 좋겠군요. 대한제과 주식회사(大韓製菓 株式會社)는 이성계(李成桂)가 발행한 어음을 취득하였습니다. 대한제과 주식회사는 다음과 같은 어음을 취득한 것입니다."

11 민법126조.
12 대법원 1994. 5. 27. 선고 93다21521 판결.

약속어음

NO. 2

대한제과 주식회사 대표이사 고종 앞

일금　　일천만원 정　　₩10,000,000

위의 금액을 대한제과 주식회사 대표이사 고종 또는 그 지시인에게 이 약속어음과 상환하여 지급함.

발행일 2005. 7. 1.　　지급일 2005. 10. 1.

지급지　　한양시

지급장소　　한양시 조선동 1－1

발행지　　한양시

발행인　　이성계 ㉼

"대한제과 주식회사의 총무담당 상무이사 이완용(李完用)은 어음을 양도할 권한이 없었지만, 합방제과 주식회사(合邦製菓 株式會社) 대표이사 을사적(乙巳賊)과 공모하여 배서에 의하여 어음을 합방제과 주식회사에 양도하였습니다."

				앞의 금액을 합방제과 주식회사 대표이사 을사적 또는 그 지시인에게 지급하여 주십시오. 2005년 7월 7일 대한제과 주식회사 대표이사 고종 ㉼

"합방제과 주식회사는 어음을 배서에 의하여 이준(李儁)에게 양도하였습니다. 이준은 어음을 양도할 권한이 없는 대한제과 주식회사 총무담당 상무이사 이완용이 합방제과 주식회사에게 어음을 양도하였다는 사실을 알지 못하고 어음을 취득하였습니다. 이준은 다음과 같은 어음을 취득한 것이지요."

			앞의 금액을 이준 또는 그 지시인에게 지급하여 주십시오. 2005년 7월 9일 합방제과 주식회사 대표이사 을사적 ㊞	앞의 금액을 합방제과 주식회사 대표이사 을사적 또는 그 지시인에게 지급하여 주십시오. 2005년 7월 7일 대한제과 주식회사 대표이사 고종 ㊞

"이 어음의 유통과정을 말씀해보시겠습니까?"

"……."

"이성계가 약속어음을 발행하여 대한제과 주식회사에 교부하였으며, 대한제과 주식회사가 배서에 의하여 합방제과 주식회사에 어음을 양도하였으며, 합방제과 주식회사가 배서에 의하여 이준에게 어음을 양도하였습니다. 즉, 이성계 → 대한제과 주식회사 → 합방제과 주식회사 → 이준의 순으로 어음이 유통되었습니다.

이준이 이성계에게 어음금의 지급을 청구하였지만, 부도 처리되었습니다."

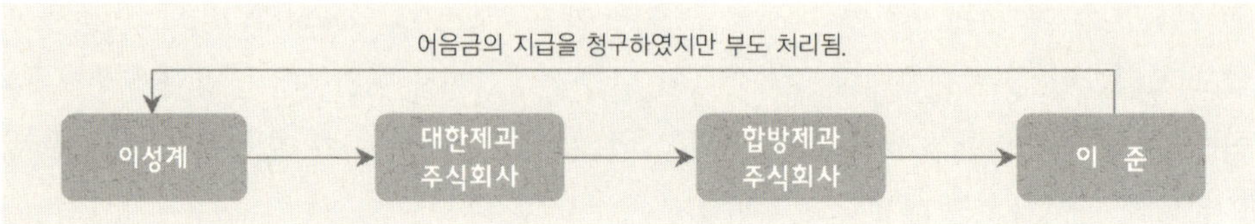

"이준은 권리를 포기하였습니까?"

"아닙니다. 이준은 대한제과 주식회사에 어음금의 지급을 청구하였습니다. 이완용이 권한 외의 행위를 하였지만, 자신이 그 권한이 있다고 믿을 만한 정당한 이유가 있었기 때문에 대한제과 주식회사가 그 행위에 대하여 책임을 져야 한다고 주장하였습니다. 즉, 대리인이 월권행위(越權行爲)를 하였지만, 제3자가 그 권한이 있다고 믿을 만한 정당한 이유가 있었기 때문에 본인이 대리인의 월권행위에 대하여 책임을 져야 한다[13]고 주장했던 것이지요.

이렇게 이준은 자신이 민법 제126조의 표현대리에 관한 규정에 따른 제3자라고 주장하면서 대한제과 주식회사에 어음금의 지급을 청구하는 소송을 제기하였습니다.

이준이 승소(勝訴)하였을까요?"

"잘 모르겠네요."

"대법원은 표현대리의 직접적인 상대방인 합방제과 주식회사가 악의(惡意)이므로, 이준이 민법 제126조의 제3자에 해당되지 아니한다고 판결하였습니다. 즉 합방제과 주식회사가 이완용이 권한 없이 어음을 양도한다는 사실을 알고 있었기 때문에 이준이 민법상 표현대리에 관한 규정에 의해서 보호받을 수 없다는 것이지요."

13 민법126조.

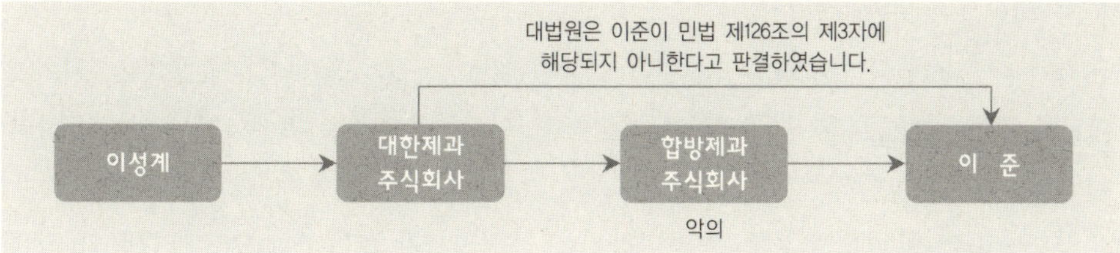

"그렇다면 이준이 대한제과 주식회사로부터 어음금을 지급받지 못하였다는 것입니까?"

"그렇습니다. 어음금을 지급받지 못하였지요."

❹ 상법상 표현대표이사에 관한 규정에 의한 권리행사

"그러나 대법원은 상법상 표현대표이사에 관한 규정이 적용되는 경우에는 제3자의 범위를 확장하고 있습니다."

"표현대표이사에 대해서는 구체적으로 살펴보지 않았던 것 같군요. 표현대표이사란 무엇인가요?"

"표현대표이사(表見代表理事)란 겉으로[表] 나타나기에는[見] 회사를 대표할 권한이 있는 이사를 말합니다. 대표이사로 선임되어 등기된 자는 아니지만, 그가 사용하는 명칭이 대표권을 가지는 자에게 부여된 명칭이기 때문에 진정한 대표이사와 같은 외관을 가지는 자를 말합니다. 사장, 부사장, 전무, 상무 등 회사를 대표할 권한이 있는 것으로 인정될 만한 명칭을 사용한 이사의 행위는 그 이사가 회사를 대표할 권한이 없는 경우에도 회사는 선의의 제3자에 대

하여 그 책임을 지게 됩니다.[14]

제3자가 선의(善意)이며 중과실(重過失)이 없다면 보호받을 수 있습니다. 표현대표이사가 회사를 대표할 권한이 없다는 것을 몰랐어야 하며, 선의인 데 대하여 중대한 과실이 없어야 합니다."

"관련된 사례를 말씀해주시지요."

"수양제(隋煬帝)가 발행한 어음을 당나라건설 주식회사가 취득하였습니다. 다음과 같은 어음을 취득한 것이지요."

약속어음

NO. 3

당나라건설 주식회사 대표이사 당현종 앞

일금 일천만원 정 ₩10,000,000

위의 금액을 당나라건설 주식회사 대표이사 당현종 또는 그 지시인에게 이 약속어음과 상환하여 지급함.

발행일 2005. 9. 1. 지급일 2005. 12. 1.

지급지 장안시

지급장소 장안시 장안동 1 - 1

발행지 장안시

발행인 수양제 ㉐

"당나라건설 주식회사가 양귀비를 전무이사(楊貴妃)로 임명하였지만, 어음을 발행하거나 배서할 권한을 부여하지는 아니하였습니다. 권한이 없음에도 불구하고 전무이사 양귀비가 안사

14 상법395조.

건설 주식회사(安史建設 株式會社) 대표이사 안록산(安祿山)과 공모하여 배서에 의하여 어음을 안사건설 주식회사에 양도하였습니다."

				앞의 금액을 안사건설 주식회사 대표이사 안록산 또는 그 지시인에게 지급하여 주십시오. 2005년 9월 7일 당나라건설 주식회사 대표이사 당현종 ㉤

"안사건설 주식회사는 배서에 의하여 조광윤(趙匡胤)에게 어음을 양도하였습니다. 조광윤은 어음을 양도할 권한이 없는 당나라건설 주식회사 전무이사 양귀비가 안사건설 주식회사에게 어음을 양도하였다는 사실을 알지 못하고 어음을 취득하였습니다. 조광윤은 다음과 같은 어음을 취득하였습니다."

			앞의 금액을 조광윤 또는 그 지시인에게 지급하여 주십시오. 2005년 9월 9일 안사건설 주식회사 대표이사 안록산 ㉤	앞의 금액을 안사건설 주식회사 대표이사 안록산 또는 그 지시인에게 지급하여 주십시오. 2005년 9월 7일 당나라건설 주식회사 대표이사 당현종 ㉤

"이 어음의 유통과정을 말씀해보시겠습니까?"

"수양제가 약속어음을 발행하여 당나라건설 주식회사에 교부하였으며, 당나라건설 주식회사가 배서에 의하여 안사건설 주식회사에 어음을 양도하였으며, 안사건설 주식회사가 배서에 의하여 조광윤에게 어음을 양도하였습니다. 즉, 수양제→당나라건설 주식회사→안사건설 주식회사→조광윤의 순으로 어음이 유통되었습니다."

"잘 말씀하셨습니다."

"조금 전 질문에는 대답을 못하여 이번에는 유심히 듣고 있었습니다."

"조광윤이 수양제에게 어음금의 지급을 청구하였지만, 부도 처리되었습니다."

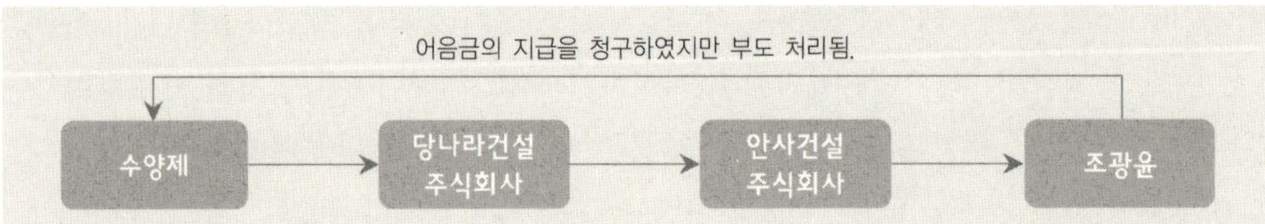

"조광윤은 당나라건설 주식회사에 어음금의 지급을 청구하였습니다. 그러나 당나라건설 주식회사는 실제로 어음에 배서한 것은 양귀비의 행위라고 주장하며, 어음금의 지급을 거절하였습니다. 그러자 조광윤은 양귀비가 표현대표이사(表見代表理事)라고 주장하였습니다. 양귀비가 겉으로 나타나기에는 당나라건설 주식회사를 대표할 권한이 있는 이사이기 때문에, 당나라건설 주식회사가 양귀비의 행위에 대하여 제3자인 조광윤에게 책임을 져야 한다[15]고 주장

15 상법 제395조.

했던 것이지요. 이렇게 조광윤은 자신이 상법 제395조의 표현대표이사에 관한 규정에 따른 제3자라고 주장하면서 당나라건설 주식회사에 어음금의 지급을 청구하는 소송을 제기하였습니다. 조광윤이 승소할 수 있을까요?"

"앞에서 대법원은 표현대리의 직접적인 상대방인 합방제과 주식회사가 악의이므로, 이준이 민법상 표현대리에 관한 규정의 제3자에 해당되지 아니한다고 판결하였지요.

이 사건에서도 표현대표이사의 직접적인 상대방인 안사건설 주식회사가 악의이지요. 그렇다면 마찬가지로 조광윤이 상법상 표현대표이사에 관한 규정의 제3자에 해당되지 않을 것 같네요."

"그렇지 않습니다. 대법원은 표현대표이사에 관한 규정이 적용될 수 있다고 판결하였습니다. 조광윤이 상법 제395조의 제3자에 해당될 수 있다는 것이지요."

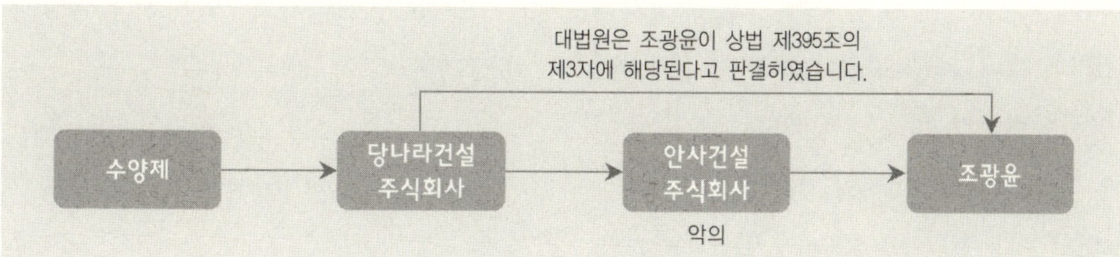

"표현대표이사에 관한 규정이 적용되기 위한 요건이 충족된 경우 당나라건설 주식회사가 조광윤에게 어음금을 지급할 책임을 집니다. 조광윤이 선의이며 중과실이 없다면 상법에 의하여 보호받을 수 있습니다."[16]

16 대법원 2003. 9. 26. 선고 2002다65073 판결.

❺ 어음법상 인적항변에 관한 규정에 의한 권리행사

"그러나 대법원은 어음법상 인적항변에 관한 규정이 적용되는 경우에는 제3자가 선의라면 중대한 과실이 있는 때에도 보호받을 수 있다고 합니다.

어음법에는 어음소지인이 어음채무자를 해(害)할 것을 알지 못하고 어음을 취득한 경우 어음상의 채무자가 어음소지인에게 대항할 수 없다는 인적항변(人的抗辯)의 절단(切斷)에 관한 규정이 있습니다.[17] 대법원은 이 규정을 적용하여 사기에 의해 어음을 발행하거나 양도한 경우 제3자가 선의라면 중대한 과실이 있는 때에도 보호하고 있습니다.[18]

인적항변의 절단에 관한 간단한 예를 들어 보지요. 어떤 사람이 수취인의 거짓말에 속아 약속어음을 발행하고, 수취인이 그 어음에 배서하여 사기에 의해 발행된 약속어음이란 것을 알지 못하는 사람에게 양도한 경우를 생각해보지요. 이 경우 어음의 소지인은 어음법상 인적항변의 절단에 관한 규정에 의하여 보호받을 수 있습니다."[19]

"인적항변이란 무엇입니까?"

"인적항변(人的抗辯)이란 인적으로 대항할 수 있는 항변입니다. 어음채무자가 특정한 어음소지인에게 대항할 수 있는 항변을 말합니다.

이 사례에서는 약속어음의 수취인이 어음금의 지급을 청구하는 경우 약속어음의 발행인이 수취인에게 사기에 의해서 발행된 어음이므로, 어음금을 지급할 수 없다고 대항할 수 있는 항변을 말합니다. 그러나 약속어음의 발행인이 수취인에게 대항할 수 있었던 인적항변이 절단되므로, 어음의 소지인에게는 대항할 수 없습니다. 설령 사기를 당하여 약속어음을 발행하

17 어음법17조.
18 대법원 1997. 5. 16. 선고 96다49513 판결.
19 어음법17조.

였다 하더라도 어음의 소지인에게는 원칙적으로 어음금을 지급할 법적 책임이 있다는 말입니다.”

“관련된 사례를 구체적으로 말씀해주시지요.”

“김부자(金富者)가 발행한 어음을 어수룩이 취득하였습니다. 다음과 같은 어음을 취득한 것이지요.”

약속어음

NO. 4

어수룩 앞

일금	일억원 정	₩100,000,000

위의 금액을 어수룩 또는 그 지시인에게 이 약속어음과 상환하여 지급함.

발행일 2005. 9. 1. 지급일 2005. 12. 1.

지급지	평양시
지급장소	평양시 대동강동 1-1
발행지	평양시
발행인	김부자 ㊞

“어수룩은 대동강에서 유람선을 띄워 관광객을 유치하면 큰돈을 벌 수 있다는 말에 현혹되어 배서에 의하여 어음을 봉이 김선달(金先達)에게 양도하였습니다.”

				앞의 금액을 김선달 또는 그 지시인에게 지급하여 주십시오. 2005년 9월 7일 어수룩 ㉧

"김선달은 이 어음을 허풍선(虛風扇)에게 양도하면서 그 대가로 7천만 원을 취득하였습니다. 허풍선은 김선달이 사기에 의하여 취득한 어음이란 사실을 알지 못하고 어음을 취득한 것이지요. 허풍선은 다음과 같은 어음을 취득하였습니다."

			앞의 금액을 허풍선 또는 그 지시인에게 지급하여 주십시오. 2005년 9월 9일 김선달 ㉧	앞의 금액을 김선달 또는 그 지시인에게 지급하여 주십시오. 2005년 9월 7일 어수룩 ㉧

"이 어음은 김부자→어수룩→김선달→허풍선의 순으로 유통되었습니다. 허풍선이 김부자에게 어음금의 지급을 청구하였지만, 부도 처리되었습니다."

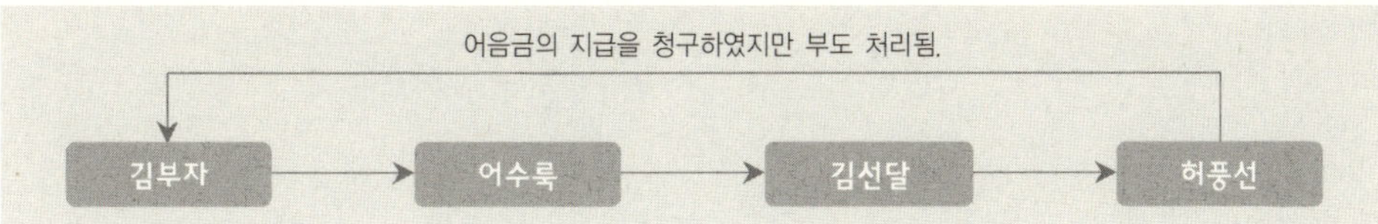

"허풍선은 어수룩에게 어음금의 지급을 청구하였습니다. 어수룩은 자신은 사기를 당하여 어음을 양도하였기 때문에 어음금을 지급할 수 없다고 주장하였습니다. 그러자 허풍선은 사기에 의하여 양도된 어음이란 사실을 알지 못하고 어음을 취득하였기 때문에 어수룩이 자신에게 어음금을 지급하여야 한다고 주장하였습니다. 즉 자신은 어음상의 채무자인 어수룩을 해할 것을 알지 못하고 어음을 취득하였기 때문에, 어수룩이 자신에게 책임을 져야 한다고 주장하면서 어음금의 지급을 청구하는 소송을 제기하였습니다. 허풍선이 승소할 수 있을까요?"

"표현대표이사에 관한 규정이 적용되는 경우 조광윤이 어음취득 당시 선의이며 중과실이 없는 경우 보호를 받았지요. 허풍선에게 어음 취득 당시 중대한 과실이 없었다면 보호받을 수 있겠지요."

"그렇지 않습니다. 앞에서 이야기한 것처럼 어음법에는 어음소지인이 어음채무자를 해할 것을 알지 못하고 어음을 취득한 경우 어음상의 채무자가 어음소지인에게 대항할 수 없다는 인적항변의 절단에 관한 규정이 있습니다.[20] 대법원은 이 규정을 적용하여 사기에 의해 어음을 양도한 경우 제3자가 선의라면 중대한 과실이 있는 때에도 보호하고 있습니다."[21]

20 어음법17조.
21 대법원 1997. 5. 16. 선고 96다49513 판결.

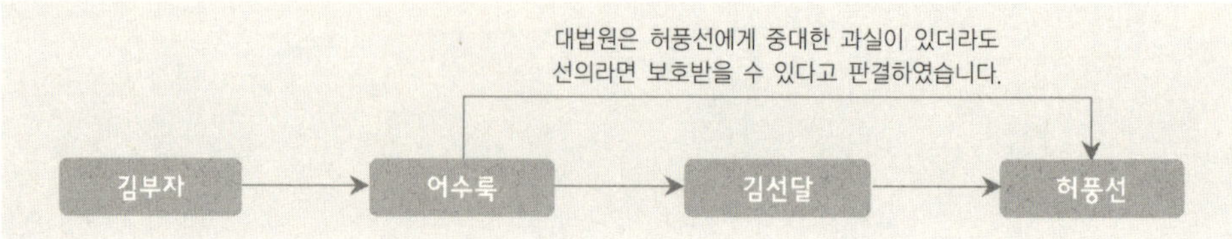

❻ 검토

"이해하기 어렵군요. 대법원은 표현대리인의 직접적인 상대방이 악의인 경우 그 상대방으로부터 어음을 양도받은 제3자가 보호받을 수 없다고 판결하였습니다.

그러나 표현대표이사의 직접적인 상대방이 악의인 경우 그 상대방으로부터 어음을 양도받은 제3자에게 중대한 과실이 없다면 보호받을 수 있다고 판결하였습니다. 더구나 사기에 의해 어음을 양도한 경우 중대한 과실이 있는 제3자도 보호하는군요. 제3자가 선의이며 중대한 과실이 없는 때 표현대리에 관한 규정에 따라 권리를 행사하려는 경우 패소하겠지만, 표현대표이사에 관한 규정이나 인적항변에 관한 규정에 따라 권리를 행사하려는 경우 승소하겠군요."

직접적인 상대방이 악의이며, 그 상대방으로부터 어음을 양도받은 제3자가 선의이며 중과실이 없는 경우 법에 보호받을 수 있느냐에 관한 대법원 판결

법 규 정	대법원 판결
민법상 표현대리에 관한 규정[22]	보호받지 못함.
상법상 표현대표이사에 관한 규정[23]	보호받을 수 있음.
어음법상 인적항변에 관한 규정[24]	보호받을 수 있음.

22 민법126조.
23 상법395조.
24 어음법17조.

"그러나 제3자가 선의이지만 중대한 과실이 있는 때에는 표현대리에 관한 규정이나 표현대표이사에 관한 규정에 따라 권리를 행사하려는 경우 패소하겠지만, 인적항변에 관한 규정에 따라 권리를 행사하려는 경우 승소하겠군요."

직접적인 상대방이 악의이며, 그 상대방으로부터 어음을 양도받은 제3자가 선의이지만 중과실이 있는 경우 법에 보호받을 수 있느냐에 관한 대법원 판결

법 규 정	대법원 판결
민법상 표현대리에 관한 규정[25]	보호받지 못함.
상법상 표현대표이사에 관한 규정[26]	보호받지 못함.
어음법상 인적항변에 관한 규정[27]	보호받을 수 있음.

"왜 대법원은 어음에 관한 소송에서 동일한 제3자가 보호받기 위한 요건을 다르게 해석하고 있는 것입니까?"

"각 조문의 해석을 엄격하게 하고 있는 것 같습니다."

"대법원의 판결이 타당합니까?"

"등산하는 것에 비유하여 생각해볼 수 있습니다. 산에 오르는 세 코스가 있습니다. 계곡을 통하여 정상까지 오르는 코스, 꽃이 만발한 꽃밭을 거쳐 정상까지 오르는 코스, 나무가 우거진 숲을 통하여 정상까지 오르는 코스입니다.

계곡을 통해 정상에 도달하는 것은 불가능하지만, 꽃밭이나 숲을 통해 정상까지 올라가는 것은 가능한지를 생각해보지요. 만약 계곡을 거쳐 정상까지 오르는 코스의 중간에 다리가 끊

25 민법126조.
26 상법395조.
27 어음법17조.

겨서 도저히 올라갈 수 없는 상황이라면 이 코스를 통하여 정상까지 등반하는 것을 제한하는 것은 타당합니다. 그러나 이러한 코스를 통해 정상에 도달하는 것을 금지하는 합리적인 이유가 없다면 정상에 도달하는 방법을 제한하는 것은 부당하겠지요. 특별한 이유가 없다면 어느 쪽 코스를 이용하여 정상까지 올라갈 것인가는 등산객의 마음대로 할 수 있겠지요. 계곡을 통해 정상에 도달하는 것을 금지하는 합리적인 이유가 있느냐를 생각해보아야 합니다.

그리고 계곡이나 꽃밭을 통해 정상까지 올라가는 것은 허용하지 않지만 숲을 통해 정상까지 올라가는 것을 허용한다면 숲을 통해서만 정상까지 올라가는 것을 허용해야 할 이유가 있는지도 생각해보아야 하지요. 만약 산사태가 발생하여 정상까지 올라가는 모든 코스가 폐쇄되어야 하지만, 숲을 통해서 정상까지 등반하는 것을 허용한다면 합리적이지 않은 것 같군요."

"그런데 등산코스와 어음에 관한 소송에서 제3자의 권리행사방법은 어떤 관계가 있는 것입니까?"

"어음을 소지한 사람의 입장에서는 어음금을 지급받아야 합니다. 이 사람은 민법상 표현대리에 관한 규정 또는 상법상 표현대표이사에 관한 규정 혹은 어음법상 인적항변에 관한 규정에 따라 권리를 행사할 수 있습니다.

어음금을 지급받는 것을 정상에 도달하는 것이라고 비유할 수 있지요. 계곡을 통해 정상까지 올라가려는 것은 민법상 표현대리에 관한 규정에 따라 어음금을 지급받으려는 것이고, 꽃밭을 통해 정상까지 올라가려는 것은 상법상 표현대표이사에 관한 규정에 따라 어음금을 지급받으려는 것입니다. 숲을 통해 정상까지 올라가려는 것은 어음법상 인적항변에 관한 규정에 따라 권리를 행사하려는 것입니다.

직접적인 상대방이 악의이며, 그 상대방으로부터 어음을 양도받은 제3자가 선의이며 중과실이 없다고 가정해보지요. 대법원은 계곡을 통해 정상까지 올라가는 것은 허용하지 않지만, 꽃밭이나 숲을 통해 정상까지 올라가는 것은 허용하는 것이지요. 계곡을 통해 정상까지 올라가는 것을 제한해야만 할 이유가 있을까요?"

"……."

"직접적인 상대방이 악의이며, 그 상대방으로부터 어음을 양도받은 제3자가 선의이지만 중과실이 있다고 가정해보지요. 대법원은 계곡이나 꽃밭을 통해 정상까지 올라가는 것은 허용하지 않지만, 숲을 통해 정상까지 올라가는 것은 허용하는 것이지요. 숲을 통해 정상까지 올라가는 것을 허용해야 할 이유가 있을까요?"

"어려운 질문만 하시는 것 같군요."

"이렇게 대답을 드리면 두 가지 질문에 대한 대답이 될 것 같습니다.

약속어음은 중요한 유가증권의 하나로써 유통성(流通性)의 보호가 중요합니다. 한 장의 약속어음은 많은 사람들을 통하여 유통될 수 있습니다. 따라서 선의로 약속어음을 취득하려는 사람을 보호해야 합니다.

그러나 어음을 취득하려는 사람은 취득 당시에 어느 정도는 주의를 기울여야 하겠지요. 조금만 주의를 했다면 알 수 있었지만, 조금도 주의를 하지 않아서 몰랐던 경우 어음거래에 관한 주의의무를 전혀 이행하지 않은 것입니다. 이런 경우까지 보호받을 필요가 있을까요?"

"비유적으로는 이렇게 대답할 수 있을 것 같습니다. 계곡을 통하여 정상까지 오르는 코스, 꽃밭을 거쳐 정상까지 오르는 코스, 숲을 통하여 정상까지 오르는 코스가 있는 경우 등산객이 세 코스 중 하나를 선택할 수 있습니다. 정상에 도달하는 방법을 제한하는 합리적인 이유가 없다면 어느 쪽 코스를 이용하여 정상까지 올라갈 것인가는 등산객의 마음대로 할 수 있습니다.

그러나 산사태가 발생하여 정상까지 올라가는 모든 코스가 폐쇄되어야 하는 상황이 발생할 수 있습니다. 그런데도 숲을 통해서 정상까지 등반하는 것을 허용한다면 비합리적인 것 같습니다."

"^_^"

2. 총론

(1) 다양한 기업형태와 회사의 개념

❶ 다양한 기업형태

"기업을 창업하려는데 어떠한 기업형태를 취하는 것이 좋습니까?"

"다양한 종류의 기업형태가 있습니다. 다양한 기업은 나름대로 장단점을 갖고 있습니다. 기업을 창업(創業)하려는 사람은 다양한 종류의 기업 중 자신의 뜻과 형편에 맞는 기업을 설립할 수 있습니다."

"다양한 기업의 종류에 대하여 설명해주시겠습니까?"

"다양한 종류의 기업을 크게는 개인기업과 공동기업으로 나눌 수 있습니다.

개인기업(個人企業)이란 개인이 주체가 되어 운영하는 기업, 즉 자연인(自然人)이 단독으로 상거래로 인한 권리의무(權利義務)의 주체가 되는 기업을 말합니다.

전에 남대문시장에서 돗자리를 파신 적이 있으시지요. 그때의 기업형태는 자연인 한 사람이 상거래에 관한 권리의무의 주체가 되는 개인기업이었습니다."

"그때 내가 가진 돈은 5,000만 원이었습니다. 사업자금이 모자라 매월 1%의 이자를 지급하기로 하고, 은행에서 5,000만 원을 융자받았지요. 한때는 돗자리가 잘 팔려 혼자서 팔기가 힘들었습니다. 그래서 매달 200만 원을 지급하기로 하고 한 사람을 고용한 적이 있었습니다."

"돗자리가 얼마나 많이 팔리느냐와는 상관없이 약정한 보수와 이자를 지급하셨겠지요. 영업실적이 좋은 경우 약정한 보수와 이자를 지급하는 것은 문제될 것이 없었고, 오히려 혼자서 많은 이익을 얻으셨을 것입니다. 그러나 영업실적이 나쁜 경우 약정한 보수와 이자를 지급하는 것이 힘이 드셨을 것입니다."

"그랬습니다. 결국 영업실적이 나빠서 망해버렸습니다. 이제는 혼자서 기업을 운영하고 싶지는 않습니다. 공동기업에 대하여 말씀해주시면 좋겠군요."

"공동기업(共同企業)이란 공동으로 운영하는 기업을 말합니다. 공동기업은 조합, 익명조합 및 회사로 나눌 수 있습니다. 이 중 조합과 익명조합은 법인격(法人格)을 갖고 있지 않지만, 회사는 법인격을 갖고 있다는 차이가 있습니다.

조합(組合)은 조직적으로 힘을 합하여 운영되는 기업을 말합니다. 2인 이상이 출자하여 공동으로 사업을 경영할 것을 약정함으로써 성립하는 계약을 말합니다.[28]

익명조합(匿名組合)이란 익명이지만 조직적으로 힘을 합하여 사업할 것을 약정하는 계약입니다. 당사자의 일방이 상대방의 영업을 위하여 출자하고 상대방은 그 영업으로 인한 이익의 분배를 약정하는 계약을 말합니다."[29]

"조합이나 익명조합이라는 말을 이해하기가 어렵군요. 우선 조합이 무엇인지 알고 싶군요."

"조합이라는 용어보다는 동업이라는 용어를 많이 사용하고 있습니다. 공동으로 기업을 운영하므로, 영업실적에 따라 이익을 분배하게 되고, 손해가 발생한 경우 그 손해를 분담하게 됩니다.

의형제(義兄弟)인 관우(關羽), 장비(張飛)와 함께 동업을 하신다고 생각해보지요. 유비가 가진 돈 5,000만 원과 관우가 가진 돈 5,000만 원을 합하여 1억 원을 사업자금으로 하고, 장비는 영업활동을 담당하기로 약정한 것으로 생각하지요. 유비와 관우가 각각 이익의 40%를 갖기로 하고, 장비는 이익의 20%를 갖기로 약정할 수 있겠지요. 영업실적이 좋은 경우 세 사람은

28 민법703조1항.
29 상법78조.

이익을 분배하여 나누어 갖게 되고, 영업실적이 나빠 손해가 발생한 경우 그 손해를 분담하게 됩니다."

"익명조합이란 무엇인가요?"

"익명(匿名)이란 본 이름을 숨긴다는 의미입니다. 혹시 고등학교나 대학시절에 익명의 러브레터를 받아본 적이 있습니까?"

"제가 학창시절에 인기가 있었죠. 많이는 아니지만, 몇 장은 받아보았습니다."

"편지를 쓴 사람이 자신의 이름을 밝히지는 않았겠지요. 이런 의미에서 본다면 익명조합이란 2인 이상이 공동으로 사업을 하는 것이 숨겨져 있다는 것이 되지요.

지금 당신이 혁신적인 사업을 계획하고 있고, 이 사업의 이익이 상당히 클 것으로 예상되며, 1억 원의 사업자금이 필요하다고 가정해보지요. 조조(曹操)란 사람에게 1억 원의 여유자금이 있습니다. 만약 이 돈을 당신에게 빌려주기로 하고 연 12%의 이자를 받기로 한다면 1년에 1,200만 원의 이자를 받게 되겠지요. 조조는 사업에 적극적으로 투자하여 많은 이익을 받고 싶어 하지만, 혹시 망할지도 모르니 이에 대비하려고 합니다.

이 경우 조조가 내부적으로만 공동기업의 구성원이 되는 방법이 있습니다. 바로 익명조합을 이용하는 것입니다. 조조가 사업에 1억 원을 투자하기로 하고 영업이익의 50%를 받기로 한다면 영업이익이 1억 원인 경우 조조는 5천만 원의 이익을 얻게 됩니다. 만약 사업이 망하여 빚이 많더라도 조조가 채권자 손권에게 채무를 변제할 책임을 지지 않습니다.

여기서 조조는 익명조합원(匿名組合員)이 되는 것이지요. 익명조합원은 익명이지만 조직적으로 힘을 합하여 사업하는 단체의 구성원을 의미합니다. 유비 당신은 영업자(營業者)가 됩니다. 영업자는 영업을 담당하는 자를 말하지요. 영업을 할 권리의무를 갖게 되며, 이익분배에 관한 의무를 부담합니다. 대내적으로는 공동기업이지만, 대외적으로는 영업자인 유비만이 권리와 의무의 주체가 되는 것입니다."

"익명조합이라는 방법을 이용하는 경우 조조가 채무에 대하여 지급할 책임을 부담하지 않고 나 혼자 부담하게 되는 것입니까?"

"그렇습니다."

채권자 손권에 대한 익명조합 구성원의 책임 여부

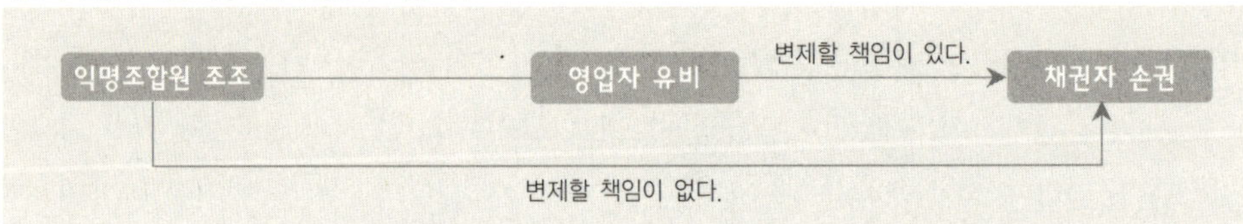

"그렇다면 별로 마음에 들지는 않군요. 형제들과 함께 회사를 설립하는 방법을 알아보고 싶습니다."

"회사(會社)는 조합과 마찬가지로 공동기업의 한 형태이지만, 조합과는 달리 회사 자신의 법인격이 인정됩니다. 즉 회사의 구성원이 아니라 회사 자신이 1차적인 권리의무의 주체가 됩니다. 조합 자체에는 법인격이 없으므로, 전 조합원이 공동으로 조합재산을 소유하게 되지요. 이에 비하여 회사재산은 회사 자신이 소유하게 됩니다."

❷ 회사의 개념

"회사가 뭔지는 잘 모르겠지만, 마음에 드는군요."

"법적으로 회사란 상행위 기타 영리를 목적으로 하는 사단법인을 말합니다.[30] 즉 회사는 사단성(社團性), 법인성(法人性) 및 영리성(營利性)을 갖게 됩니다."

"회사가 영리를 추구한다는 것은 잘 알고 있습니다. 그러나 사단이니 법인이니 하는 말은 낯선 말이군요."

"사단(社團)이란 사원(社員)으로 구성된 단체(團體)를 말합니다. 즉 사단의 구성원인 사원이 복수임을 의미하지요. 회사는 법인입니다. 법률상 인(人)의 종류를 자연인과 법인으로 나눌 수 있지요. 자연인(自然人)이란 자연적으로 인격이 인정되는 자를 말하지요. 어떤 남자가 여자를 사랑한다고 할 때 남자와 여자를 자연인이라고 합니다.

법인(法人)이란 법에 의하여 인격이 인정되는 자를 말하지요. 즉 자연인 이외의 자로서 법에 의하여 권리의무의 귀속주체가 될 수 있는 자를 말합니다. 법인에는 비영리법인과 영리법인이 있지요. 비영리법인(非營利法人)이란 학술, 종교, 자선, 기예, 사교 기타 영리 아닌 사업을 목적으로 하여 설립된 법인을 말합니다. 대학은 비영리법인의 형태를 취하고 있는 바, 예를 들어 학교법인 호서학원(學校法人湖西學院)을 들 수 있습니다.

영리법인(營利法人)으로서는 상행위 기타 영리를 목적으로 하여 설립된 회사를 들 수 있습니다. 회사의 법인격이 인정되는 것은 회사가 독립적인 존재로서 국민들에게 근로의 기회를 제공하고, 상품을 생산하여 유통시키는 등 사회에 유익한 역할을 하고 있기 때문입니다. 회사

30 상법169조, 171조1항.

에 법인격이 부여되므로, 회사는 사원으로부터 독립하여 권리의무를 취득하게 됩니다."

"설명을 들어도 사단이니 법인이니 하는 용어는 이해하기가 좀 어렵군요."

"예를 들어보지요. 유명한 고려전자 주식회사(高麗電子 株式會社)를 살펴보겠습니다. 고려전자 주식회사의 자본금은 1조 원이고, 수원에 소재한 이 회사의 본사는 20층 건물을 사용하고 있고, 수원에 대규모의 가전제품 생산 공장이 있고, 천안에 대규모의 반도체 생산 공장이 있고, 직원의 수는 5만 명에 달하고, 대주주 왕건(王建)을 포함한 주주의 수가 1만 명이고, 홍유, 배현경, 복지겸 등의 이사가 있고, 대표이사가 복지겸(卜智謙)이며, 유금필 등의 감사가 있습니다.

회사법과 관련하여 사원이라고 할 때에는 회사라는 사단의 구성원을 의미하게 됩니다. 주식회사의 사원이라고 할 때 그 회사에 근무하면서 월급을 받는 근로자를 의미하는 것이 아니라, 주식회사의 주주를 의미하게 되지요. 따라서 대주주 왕건 등 일만 명의 주주가 고려전자 주식회사의 사원이 되는 것입니다."

"고려전자 주식회사의 사원이 대주주 왕건과 다른 주주들이라니요?"

"그렇지요. 회사법상 사원이란 의미는 보통 우리가 사용하는 사원이란 말과는 차이가 있습니다. 회사에 근무하면서 월급을 받는 사람을 사원이라고 이야기하지만, 법적으로는 이러한 사람을 근로자(勤勞者)라고 합니다. 따라서 고려전자 주식회사가 고용한 오만 명의 직원은 법적으로는 근로자가 되지요."

"법에서 사용하는 용어가 우리가 많이 사용하는 용어의 뜻과는 차이가 있네요. 법인이라는 말에 대해서도 좀 더 알 필요가 있을 것 같네요."

"법에 의하여 고려전자 주식회사의 법인격이 인정됩니다. 고려전자 주식회사가 독립적인 존재로서 국민들에게 오만 개의 일자리를 제공하고, 가전제품과 반도체 등을 생산하여 유통시키는 등 사회에 유익한 역할을 하고 있기 때문입니다. 고려전자 주식회사는 독자적인 권리능력을 가지므로 대주주 왕건 등 일만 명의 주주로부터 독립하여 권리와 의무를 취득하게 됩니다.

고려전자 주식회사는 자연인과 마찬가지로 권리의무의 주체가 될 수 있지요. 예컨대 자연인 이몽룡이 친구에게 10억 원을 빌려 건물을 매수하려고 합니다. 이몽룡은 직접 임권택과 거래하여 주택을 매수하거나 대리인 성춘향을 통하여 주택을 매수하여 건물을 소유할 수 있습니다. 이 경우 이몽룡은 건물의 소유권이라는 권리를 가지고 있으며, 10억 원을 친구에게 갚을 의무가 있습니다. 고려전자 주식회사도 권리의무의 주체가 될 수 있으므로, 자연인과 마찬가지로 건물의 소유권을 가질 수 있으며 10억 원을 갚을 의무가 있을 수 있지요.

이제는 고려전자 주식회사가 견훤(甄萱)으로부터 건물을 매수하는 과정을 살펴보지요. 매매계약서에 계약금, 중도금, 잔금 등은 물론 매수인 고려전자 주식회사가 기재되어야 합니다. 고려전자 주식회사가 계약금, 중도금, 잔금을 지불하고 소유권이전등기를 마쳤을 때 건물의 소유자는 대주주인 왕건이나 대표이사인 복지겸이 아니라 고려전자 주식회사가 되는 것입니다."

"그런데 이야기를 듣다 보니 의아한 점이 있네요. 자연인은 머리, 몸, 팔과 다리와 같은 육체를 갖고 있지만, 회사는 사람과는 달리 육체를 갖고 있지 않습니다. 이몽룡의 거래상대방은 육체를 갖고 있는 이몽룡을 만나 협의해서 매매계약서를 작성하면 되겠지요. 그러나 고려전자 주식회사는 이몽룡과는 달리 육체를 갖고 있지 않습니다. 그럼 견훤이란 사람이 육체가 없는 고려전자 주식회사의 존재를 어떻게 인식할 수 있으며, 어떤 방식으로 고려전자 주식회사와 거래를 할 수 있습니까?"

"고려전자 주식회사는 회사의 목적, 상호, 발행예정 주식총수, 1주의 금액, 자본의 총액, 이사와 감사의 성명, 대표이사의 성명 등 고려전자 주식회사의 조직과 활동에 관한 중요한 사항을 상업등기부(商業登記簿)에 등기하여야 합니다. 견훤은 상업등기부를 열람함으로써 고려전자 주식회사의 조직과 활동에 관한 중요한 사항을 파악할 수 있으며, 누가 대표이사인지를 알 수 있게 되어, 대표이사 복지겸을 통하여 고려전자 주식회사와 거래할 수 있습니다."

고려전자 주식회사의 등기부 등본

등기번호	000111	등기부 등본 (유효사항)
등록번호	111000-0000111	

상 호 고려전자 주식회사	. . 변경
	. . 등기
본 점 서울시 개성구 송악동 1-1	2001. 12. 08 변경
	2001. 12. 10 등기
공고방법 서울시 내에서 발행하는 일간 개성경제신문에 게재한다.	. . 변경
	. . 등기
1주의 금액 금 10,000원	. . 변경
	. . 등기
발행할 주식의 총수 150,000,000주	. . 변경
	. . 등기

발행주식의 총수와 그 종류 및 각각의 수		자본의 총액	변 경 연 월 일 등 기 연 월 일
발행주식의 총수	100,000,000주	금 1,000,000,000,000원	. . 변경
보통주식	100,000,000주		. . 등기

목　　적 1. 전자제품의 연구・개발 2. 전자제품의 수입・수출 3. 전자제품의 판매 4. 위 각호에 부대되는 사업일체	
임원에 관한 사항 이　　사　복지겸 520208-1******	
이　　사　홍유 690717-1******	
이　　사　배현경 630825-1******	
대표이사　복지겸 520208-1****** 서울시 개성구 송악동 고려마을 111동 111호	
감　　사　유금필 600510-1******	
회사성립연월일	2000년 07월 07일
등기용지의 개설 사유 및 연월일 설립	2000년 07월 07일 등기

"대표이사 복지겸은 고려전자 주식회사를 위하여 부동산 매매계약을 체결하는 것입니다. 복지겸 개인이 아니라 고려전자 주식회사를 위하여 부동산 매매계약을 체결한다는 것을 계약서에 표시하여야 합니다. 매매계약서의 매수인 난에 '고려전자 주식회사 대표이사 복지겸'이라고 기재한 후에 도장을 찍거나 서명을 하면 됩니다. 소유권 이전등기를 마쳤을 때 건물의 소유자는 고려전자 주식회사가 되지요."

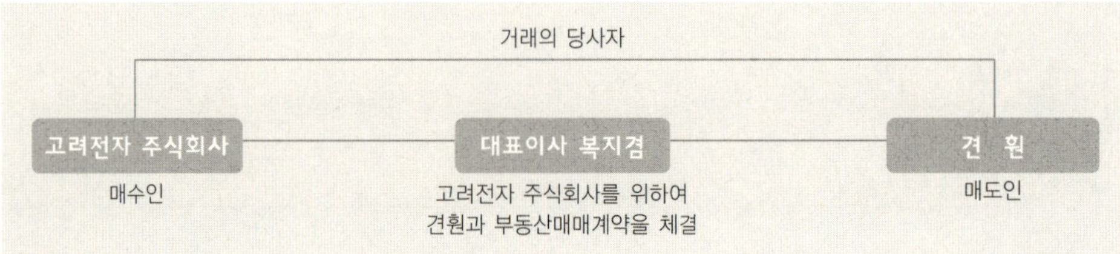

"뿐만 아니라 고려전자 주식회사는 소송의 당사자가 될 수도 있습니다. 만약 고려전자 주식회사의 이름으로 소유권 이전등기를 마쳤는데, 견훤이 소송을 제기하는 경우 고려전자 주식회사가 소송의 당사자가 될 수 있지요. 가령 그 건물을 매도한 사람이 진정한 권리자인 견훤이 아니라 그의 친구인데, 견훤이 여행을 간 동안 집을 봐주면서 견훤의 인감도장과 권리증을 훔쳐서 고려전자 주식회사에 건물을 10억 원에 양도하고 도망가 버렸다고 생각해보지요. 견훤이 고려전자 주식회사를 상대로 건물의 반환을 청구하는 소송을 제기한다면, 이 소송의 원고는 견훤이 되며, 피고는 고려전자 주식회사가 됩니다."

"잘 들었습니다. 회사란 것이 무엇인가를 좀 알 수 있을 것 같습니다."

"그러시다면 질문을 하나 하도록 하겠습니다. 주식회사와 관련하여 이 질문을 하는 경우 틀린 대답을 하는 사람이 많더군요. 상인(商人)은 상행위를 영업으로 하는 인격체입니다. 기업활동으로 인한 권리의무의 귀속주체가 되는 것이지요. 그렇다면 상인은 고려전자 주식회사입니까? 대주주인 왕건입니까? 대표이사인 복지겸입니까?"

"아마도…… 고려전자 주식회사인 것 같습니다."

"정답입니다. 이 경우 자연인인 왕건이 아니라 법인인 고려전자 주식회사가 상인이 됩니다. 자연스럽게 인격이 인정되는 자인 왕건이 아니라, 법에 의하여 인격이 인정되는 자인 고려전자 주식회사가 상거래에 관한 권리의무의 귀속주체가 되는 것이지요.

사람들은 상인이라고 하면 육체를 가진 존재를 연상합니다. 그래서인지 대주주 왕건이 상인이라고 대답하는 사람도 많습니다. 어려운 질문에 잘 대답하셨습니다."

"사실은 왕건이라는 생각이 들었는데, 틀린 대답을 하는 사람이 많다는 이야기를 듣고서 고려전자 주식회사라고 대답하였습니다."

"눈치가 상당히 빠르시군요!"

(2) 상호와 상표

❶ 서설

"먼저 상호에 관하여 살펴보도록 하겠습니다. 상호(商號)란 상인을 나타내는 호칭이지요. 상인이 영업상 사용하게 되는 명칭으로 이해하시면 됩니다. 상호의 예로서는 고려전자 주식회사, 백제전자 주식회사, 금강전자, 동양맥주 주식회사, 촉나라인터넷 주식회사 및 한국화이자제약 주식회사 등을 들 수 있습니다."

"상품의 구입 여부에 관하여 상표가 영향을 미치게 될 것 같군요."

"그렇습니다. 낙랑(樂浪)이란 사람이 컴퓨터를 구입하려고 합니다. 고려전자 주식회사가 판매하는 컴퓨터를 구입하느냐, 백제전자 주식회사가 판매하는 컴퓨터를 구입하느냐, 금강전자(金剛電子)란 상호를 이용하여 자연인 마의태(麻衣太)가 조립하여 판매하는 컴퓨터를 구입할지를 생각하고 있습니다.

가격은 고려전자 주식회사가 판매하는 제품이 제일 비싸고, 마의태가 판매하는 컴퓨터가 제일 쌉니다. 가격만 생각한다면 고려전자 주식회사가 판매하는 제품을 사지는 않겠지요. 그러나 고려전자 주식회사의 서비스가 제일 좋다고 생각한다면 가격은 비싸지만, 고려전자 주식회사가 판매하는 컴퓨터를 살 수도 있겠지요.

여기서 고려전자 주식회사, 백제전자 주식회사 및 금강전자는 상호입니다. 낙랑은 이러한 상호를 보고서 제품의 구입 여부를 결정할 수 있습니다. 만약 낙랑이 고려전자 주식회사의 제품을 구입하게 된다면 고려전자 주식회사가 매도인이 되고, 낙랑은 매수인이 됩니다. 고려전자 주식회사는 기업 활동으로 인한 권리의무의 귀속주체가 되는 것입니다."

"상표란 무엇인가요?"

"상표(商標)란 상품을 표시하기 위한 것이지요. 법적으로는 상품을 생산하거나 판매하는 것을 영업으로 하는 자가 자기의 업무에 관련된 상품을 타인의 상품과 식별되도록 하기 위해 사용하는 기호, 문자 또는 도형, 입체적 형상 또는 이들의 결합, 또는 이들과 색체와의 결합된 표장을 말합니다.[31] 상인은 자신의 상품과 타인의 상품을 구별하기 위하여 상표를 이용하는 것입니다.

웹사이트를 홍보하기 위하여 웹사이트 운영자 중에는 타인의 유명한 상표나 상표를 자신의 도메인이름에 이용하는 경우도 있습니다. 이 경우 도메인이름의 소유자와 상표권자 간에

31 상표법2조1항.

분쟁이 발생됩니다."

"도메인이름은 무엇인가요?"

"특정한 사람의 집 주소를 알면 그 사람 집을 찾아가거나 우편물을 우송할 수 있습니다. 전화번호를 알면 그 사람에게 전화를 할 수 있겠지요. 인터넷에 접속된 컴퓨터가 다른 컴퓨터와 디지털신호를 주고받을 수 있도록 하기 위하여 각자 고유의 식별번호를 갖고 있습니다. 이것을 인터넷 프로토콜(Internet Protocol) 주소 또는 IP 주소라고 합니다. 인터넷에 접속된 호서대학교 공식홈페이지의 컴퓨터의 인터넷 프로토콜 주소는 134.75.122.14입니다.

인터넷 프로토콜 주소를 사람이 기억하기 쉽도록 만든 것이 도메인이름(domain name)입니다. 'hoseo.ac.kr'이라는 도메인이름은 인터넷에 접속된 호서대학교 공식홈페이지의 컴퓨터의 IP 주소를 알기 쉽도록 표현한 명칭입니다. 이 도메인이름을 알면 손쉽게 호서대학교의 공식홈페이지에 접속할 수 있습니다. 도메인이름을 알지 못하는 경우 검색엔진을 이용하여 검색한 후 검색 결과를 보고 이 학교의 공식 홈페이지에 접속하게 됩니다."

"구체적으로 분쟁이 된 사례에 관한 이야기를 듣고 싶군요."

"간단하게 용어에 관한 정리를 한 후 구체적으로 살펴보지요. 상호권자(商號權者)란 상호에 대하여 권리를 갖고 있는 자를 말하며, 상표권자(商標權者)란 상표에 관하여 권리를 갖고 있는 자를 말합니다. 예를 하나 들지요. 한국화이자제약 주식회사는 다양한 의약품을 판매하고 있습니다. 그중의 하나가 유명한 발기기능장애 치료용 약품입니다. 그 약품을 표시하는 상표는 'Viagra'와 '비아그라'입니다.

한국화이자제약 주식회사는 상호를 의미합니다. 상인을 나타내는 호칭을 말하는 것이지요.

한국화이자제약 주식회사는 'Viagra'와 '비아그라' 상표에 대하여 권리를 갖고 있는 상표권자입니다. 'Viagra'는 발기기능장애 치료용 약품을 나타내는 상표이지요."

상호와 상표의 예

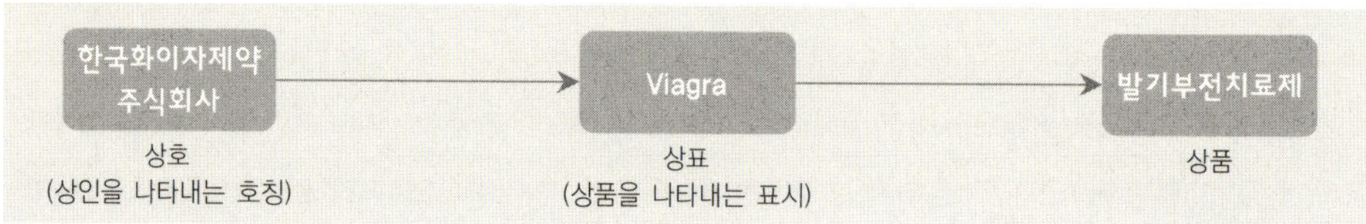

"이른바 비아그라 사건에서 도메인이름의 소유자와 상표권자 간에 분쟁이 발생하였습니다. 이 사건에 관하여 살펴보지요."

❷ 이른바 비아그라 사건

① 사실관계

"이 사건의 원고들은 화이자 프로덕츠 인크(Pfizer Products Inc.)와 화이자 프로덕츠 인크의 자회사인 한국화이자제약 주식회사입니다. 화이자 프로덕츠 인크는 발기기능장애 치료용 약품인 '비아그라(Viagra)'를 비롯한 다수의 의약품을 개발하여 판매하고 있는 미국회사입니다. 한국화이자제약 주식회사는 한국 내에서 화이자 프로덕츠 인크가 생산한 의약품을 독점적으로 판매하고 있습니다. 원고들은 발기기능장애 치료용 약제를 지정상품으로 하는 'Viagra'나 '비아그라' 상표를 등록해서 사용하고 있는 상표권자입니다. 'Viagra'와 '비아그라'는 원고들이 개발·판매하는 발기기능장애 치료제를 나타내는 상표로서 널리 알려지게 되었답니다. 한국 식품의약품안전청이 1999년 10월경부터 발기기능장애 치료제인 비아그라를 판매하도록 승인함에 따라 비아그라는 의사의 처방전이 있는 자에 한하여 약국에서만 판매되고 있습니다."

"그러고 보니 비아그라도 많이 들어본 말이군요. 어떤 일이 일어났습니까?"

"피고들은 'viagra.co.kr'이라는 도메인이름을 이용하여 홈페이지를 운영하면서 생칡즙, 칡수 등의 건강식품을 주문자들에게 판매하였습니다. 원고들은 피고들에게 이 도메인이름을 사용하지 말 것을 요구하였지만, 거절당하자 법원에 소송을 제기하였습니다."

② 대법원 판결

"이 사건에 관한 대법원 판결을 살펴보지요.[32]

대법원에서 쟁점이 된 것은 부정경쟁방지 및 영업비밀보호에 관한 법률을 어떻게 해석할 것이냐는 것입니다. 이 법률을 간단하게 줄여서 부정경쟁방지법(不正競爭防止法)이라고도 합니다. 부정경쟁방지법의 목적은 국내에 널리 알려진 타인의 상표·상호 등을 부정하게 사용하는 부정경쟁행위와 타인의 영업비밀을 침해하는 행위를 방지하여 건전한 거래질서를 유지하는 것입니다.

부정경쟁방지법에 따르면 타인의 상호나 상표의 식별력이나 명성을 손상하게 하는 행위가 부정경쟁행위(不正競爭行爲)가 됩니다. 즉, 비상업적(非商業的) 사용 등 정당한 사유 없이 국내에 널리 인식된 타인의 상호나 상표와 동일하거나 유사한 것을 사용하여 상품을 판매함으로써 타인

32 대법원 2004. 5. 14. 선고 2002다13782 판결.

의 상호나 상표의 식별력이나 명성을 손상하게 하는 행위는 부정경쟁행위입니다."[33]

"식별력의 손상이란 무슨 의미입니까?"

"대법원에 따르면 식별력의 손상이란 특정한 상표가 상품이나 영업의 출처를 표시하는 기능이 손상되는 것을 말합니다. 이 사건에서 발기기능장애 치료용 약품의 출처는 'Viagra'라는 저명상표의 상표권자들인 화이자 프로덕츠 인크와 한국화이자제약 주식회사입니다. 'Viagra'라는 저명상표는 발기부전치료제의 출처인 원고들을 표시하는 기능을 갖고 있지요."

"대법원은 어떠한 판결을 하였는지요?"

"대법원에 따르면 'viagra.co.kr'이라는 도메인이름 자체가 곧바로 상품의 출처를 표시하는 것은 아니라고 합니다. 피고들이 'viagra.co.kr' 사이트에서 판매하고 있는 생칡즙과 칡수에는 산에 산에라는 독자적인 상표가 부착되어 있으며, 달리 이 사건 도메인이름이 피고들이 판매하는 상품의 출처표시(出處表示)로 인식될 만한 사정도 없다고 합니다. 따라서 'viagra.co.kr'이라는 도메인이름이 피고들이 판매하는 상품의 출처를 표시할 수 없다고 합니다."

"그러면 원고들이 패소하였나요?"

"아닙니다. 대법원에 따르면 피고들이 이러한 도메인이름을 이용하여 건강식품을 판매하는 것은 'Viagra'라는 저명상표와 유사한 상표를 영업활동에 사용하는 행위이며, 이처럼 피고들이 저명한 상표를 영업활동에 사용함으로써 'Viagra'라는 저명상표의 출처표시기능(出處表示機能)이 손상되었다고 합니다. 출처표시기능이 손상되었다는 것은 'Viagra'라는 저명상표가 발기기능장애 치료용 약품의 출처인 화이자 프로덕츠 인크와 한국화이자제약 주식회사를 표시하는 기능이 손상되었다는 의미입니다.

33 2조1호다목.

대법원은 피고들의 행위가 상표의 식별력을 손상시키는 행위이므로, 원고들에게 'viagra.co.kr' 도메인이름을 말소시킬 수 있는 권리가 있다고 판결하였습니다."

식별력의 손상 여부에 관한 대법원 판결

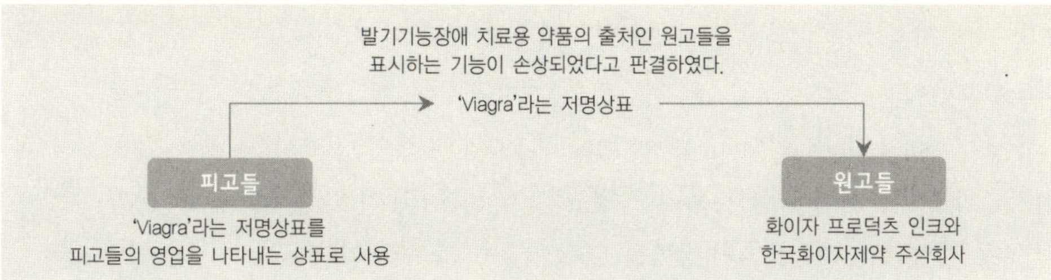

③ 판결에 관한 검토

"대법원의 판결내용을 좀 더 이해하기 쉽게 설명해주면 좋겠습니다."

"도메인이름은 본래 인터넷으로 연결되는 컴퓨터의 주소입니다. 본래 상품이나 영업을 나타내는 상표로 사용하기 위하여 도메인이름을 만든 것은 아니었습니다. 대법원은 이러한 본래의 목적에 따라서 도메인이름 자체가 상품의 출처를 표시하는 것은 아니라고 생각했지만, 이 사건에서는 결과적으로 상표의 출처표시기능이 손상되었다고 판단했습니다. 대법원은 복잡한 논리를 전개한 것입니다."

"그런 설명을 들어도 역시 이해하기가 어렵군요."

"그럼 당구에 비유해서 대법원의 판결을 살펴보지요. 당구(撞球)란 당구대 위에서 공을 큐(cue)로 쳐서 점수를 겨루는 경기입니다. 당구에는 여러 종목이 있습니다. 그중 4구 게임을 살펴보지요. 적색 공 2개와 흰 공 2개를 사용하여 경기를 합니다. 흰 공 1개는 내 공이 되고, 다른 흰 공 1개는 상대방의 공이 됩니다. 내 공이 상대방의 공에 맞으면 안 됩니다."

"내 공을 쳐서 2개의 적색 공에 맞으면 어떻게 됩니까?"

"득점합니다."

"스리쿠션(three cushions)의 경우는 어떻게 하여야 득점이 됩니까?"

"내 공이 2개의 적색 공을 맞추기 전에 3회 이상 당구대의 가장자리에 닿아야만 득점이 됩니다. 4구 게임의 원칙적인 득점방법은 내 공을 쳐서 2개의 적색 공을 맞추는 것입니다. 그러나 스리쿠션의 경우에는 내 공이 당구대의 가장자리에 닿은 후에 2개의 적색 공을 맞추어야 득점을 합니다. 4구 게임의 원칙적인 득점방법은 간단하지만, 스리쿠션의 득점방법은 복잡하지요.

대법원은 'viagra.co.kr'이라는 도메인이름 자체가 곧바로 상품의 출처를 표시하는 것은 아니지만, 피고들이 'Viagra'라는 저명상표를 영업활동에 사용함으로써 저명상표의 출처표시기능이 손상되었다고 판결하였습니다. 대법원 판결은 복잡한 논리를 전개하였다는 점에서 스리쿠션의 득점방법과 비슷합니다."

"당구를 처음 치는 사람들이 스리쿠션을 하기는 매우 어렵습니다. 마찬가지로 법학을 전공하지 않은 사람들이 대법원 판결의 논리를 이해하기는 어려울 것 같습니다. 꼭 이렇게 어렵게 판결해야만 할 필요가 있습니까?"

"그렇지는 않다고 생각되는군요. 'viagra.co.kr'이라는 도메인이름을 보면 발기기능장애 치료제 또는 이 약품의 출처인 원고들을 떠올리게 됩니다. 건강식품의 출처인 피고들보다는 원고들인 화이자 프로덕츠 인크 또는 한국화이자제약 주식회사를 연상하게 되지요. 많은 사람들이 'viagra.co.kr'이라는 도메인이름을 보고 발기기능장애 치료제 또는 원고들을 연상하여 이 사이트에 접속하였습니다. 'viagra.co.kr' 사이트의 운영자는 'Viagra'라는 저명상표를 이용해 고객을 자신의 사이트로 유인한 것이지요.

'viagra.co.kr'이라는 도메인이름은 본래 인터넷으로 연결되는 컴퓨터의 주소이지만, 이 도메인이름으로 인하여 원고들을 표시하는 저명상표의 식별력이 손상되었다고 할 수 있습니다."

"그렇게도 볼 수 있겠군요."

"이 사건에서는 'viagra.co.kr' 사이트가 영리를 목적으로 운영되었으며, 이 도메인이름 때문에 'Viagra'라는 저명상표의 출처표시기능이 손상되었다고 할 수 있지요. 이러한 논리는 당구의 4구 게임의 원칙적인 득점방법과 유사합니다. 이 사건에서 저명상표의 식별력이 손상되었다는 대법원 판결과 결론적으로는 동일합니다. 그러나 결론에 도달하기 위한 과정이란 측면에서는 대법원 판결보다 간명한 방법이지요."

"대법원이 이해하기 쉽게 판결하였더라면 좋았을 것이라는 생각이 드는군요."

"사람들은 사회생활을 유지하기 위하여 법을 만들었습니다. 법은 우리가 지켜야 할 중요한 약속이라고 할 수 있지요. 그러나 어떤 내용의 약속을 하였는지 잘 모르면 그 약속을 지키기가 어렵겠지요. 따라서 국회의원들은 사람들이 이해하기 쉬운 법률을 제정하도록 노력할 필요가 있으며, 법관들도 가능하다면 사람들이 이해하기 쉽게 판결을 내려야겠지요."

(3) 상업사용인

❶ 서설

"상인은 단독으로 기업을 운영할 수 있지만, 많은 경우 상업사용인을 두고 기업을 운영하고 있습니다. 기업의 규모가 크면 클수록 상업사용인의 수도 많아지게 됩니다.

상업사용인(商業使用人)이란 상업적으로 사용되는 인간, 즉 특정한 상인에 종속되어 영업에 관한 대외적 거래를 대리(代理)하는 자를 말합니다."

"그런데 대리란 무엇인가요?"

"앞에서 간단하게 대리에 관하여 살펴보았습니다. 대리(代理)란 본인을 대신하여 이치에 맞는 행위를 하는 것입니다. 대리인(代理人)이 본인을 위하여 의사표시를 하거나 받음으로써 그 효과가 본인에게 발생하는 제도이지요. 앞에서는 대리인 성춘향이 이몽룡을 대리하여 임권택으로부터 주택을 매수하는 것을 보았었지요. 일상생활과 관련하여 대리를 하는 경우를 볼 수 있었습니다. 상거래와 관련하여 상업사용인이 대리하는 경우를 살펴보지요. 상업사용인은 권한의 범위에 따라 포괄적인 권한을 갖고 있는 지배인, 부분적이기는 하지만 포괄적인 권한을 가지고 있는 상업사용인 및 물건판매점포의 점원으로 나누어집니다. 이 중 지배인이 가장 광범위한 대리권을 갖고 있습니다."

❷ 지배인

"지배인(支配人)이란 영업소를 지배하는 인간 즉 영업주에 갈음하여 영업에 관한 포괄적인

행위를 할 수 있는 상업사용인을 말합니다.[34]

지점의 영업에 관한 포괄적인 권한을 갖고 있는 지배인이 영업주를 대리하여 상대방과 거래한 경우 그 거래행위는 영업주에 대하여 효력이 있습니다. 따라서 영업주는 그 거래행위로 인한 권리를 취득하며 의무를 부담하게 됩니다.

지배인이 영업주를 대리하여 거래하는 예를 살펴보지요. 고려전자 주식회사가 여러 지점을 갖고 있는데, 이 회사의 지점 중 하나는 귀주지점(龜州支店)이며, 지배인은 강감찬(姜邯贊)입니다. 지배인 강감찬이 거란인(契丹人)에게 최신형 컴퓨터 1만 대를 300억 원에 판매하기로 하는 계약을 체결하려고 합니다. 매매계약서에 계약금, 잔금 등이 기재되며, 본인 고려전자 주식회사와 지배인 강감찬도 기재됩니다. '고려전자 주식회사 귀주지점 지배인 강감찬 ㊞'이라는 식으로 매매계약서에 기재하면 됩니다. 계약이 체결된 경우 고려전자 주식회사는 거란인에게 컴퓨터 1만 대를 지급할 의무를 부담하게 됩니다. 대금 300억 원을 지급받은 경우 그 대금은 고려전자 주식회사가 취득하게 됩니다."

고려전자 주식회사가 지배인 강감찬을 통하여 거란인과 매매계약을 체결하는 경우

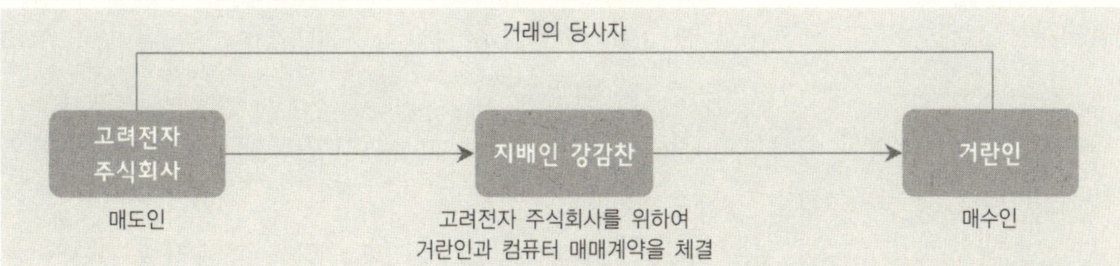

34 상법11조1항.

"그런데 지배인 강감찬이란 말이 무슨 말인지 잘 이해가 안 되는군요."

"지점장이나 영업소장 강감찬으로 이해하시면 됩니다."

"아! 지배인이란 말이 지점장이나 영업소장을 말하는 것이군요. 진작 그렇게 말씀하셨으면 쉽게 이해했을 텐데요."

"상법에서는 영업소장이나 지점장이라는 명칭을 사용하지 않고 있습니다. 지배인에 관한 규정을 두고 있을 뿐입니다. 그래서 지배인이라고 말씀을 드렸지요."

"지배인은 영업에 관한 포괄적인 권한을 갖고 있다고 하였는데, 그럼 지배인으로 임명하면서 권한을 제한할 수는 없나요? 마속(馬謖)이 똑똑하여 천안지점을 개설할 때 지점장으로 임명하고 싶습니다. 그런데 아직 경험이 없어 권한을 제한하고 싶습니다."

"물론 가능합니다. 마속을 지배인으로 임명하면서 권한을 제한하면 됩니다. 예를 들어 마속을 천안지점의 지배인으로 임명하면서 영업에 관한 포괄적인 대리권을 수여하지만, 1천만 원 이상의 구매행위는 이사회의 결의를 얻은 후에 할 수 있도록 마속의 권한을 제한할 수 있습니다. 그러나 지배인의 대리권에 대한 제한은 선의(善意)의 제3자에게 대항하지 못합니다."[35]

"법에서는 선의란 말이 자주 나오는 군요. 앞에서도 나왔던 것 같은데, 선의란 무슨 뜻입니까?"

"권한이 제한된 마속이 이사회의 결의를 얻지 아니하고 제3자인 손권으로부터 2천만 원의 물건을 외상으로 매수하였다고 생각해보지요.

권한이 제한된 마속이 이사회의 결의를 얻지 아니하고 물건을 매수한 사실을 알고 있었다

35 상법11조3항.

면 손권에게 악의(惡意)가 있었다고 하고, 몰랐었다면 선의(善意)가 있었다고 합니다."

"그러면 손권이 왜 제3자가 됩니까? 며칠 전에 옆집 부부가 말싸움하는 것을 구경하다가 참견을 하였습니다. 그때 남편이 당사자가 아닌 제3자는 집에 가서 발 닦고 잠이나 자라고 하면서 남의 부부 사이에 이해관계가 없는 사람이 참견한다고 막 화를 내더군요."

"그거야 상황이 어떻게 되느냐에 따라 달라질 수 있겠지요. 만약 옆집 부부가 단순히 말싸움을 하는 게 아니라 창밖으로 물건을 던져서 당신 집의 유리창이 깨졌다면 이해관계가 있었겠지요."

"맞는 말씀입니다."

"여기서는 촉나라인터넷 주식회사가 마속을 지배인으로 임명한 것으로 가정하였지요. 촉나라인터넷 주식회사와 마속 간의 관계는 상인(商人)과 지배인(支配人) 간의 관계입니다. 이 관계를 기준으로 한다면 촉나라인터넷 주식회사와 손권과의 관계를 상인과 제3자와의 관계라고 이야기할 수 있습니다. 제3자라도 경우에 따라서는 이해관계를 가질 수 있지요."

"그러면 어떻게 되는 것입니까?"

"손권이 선의이며, 중대한 과실이 없는 경우 촉나라인터넷 주식회사에게 2천만 원의 지급을 청구할 수 있습니다."

"그런데 손권에게 악의 또는 중대한 과실이 있는지가 애매모호한 경우에는 어떻게 됩니까?"

"촉나라인터넷 주식회사가 손권에게 악의 또는 중대한 과실이 있다는 사실을 입증하여야 합니다.[36] 입증하지 못한다면 촉나라인터넷 주식회사는 제3자인 손권에게 대항할 수 없게 되

36 대법원 1997. 8. 26. 선고 96다36753 판결.

고, 결국 대금을 지급할 책임을 져야 합니다.

지배인 마속의 대리권이 제한되었지만, 제한을 위반하여 거래한 경우 촉나라인터넷 주식회사와 제3자 손권의 관계를 표로 나타내면 아래와 같습니다."

촉나라인터넷 주식회사와 제3자 손권의 관계

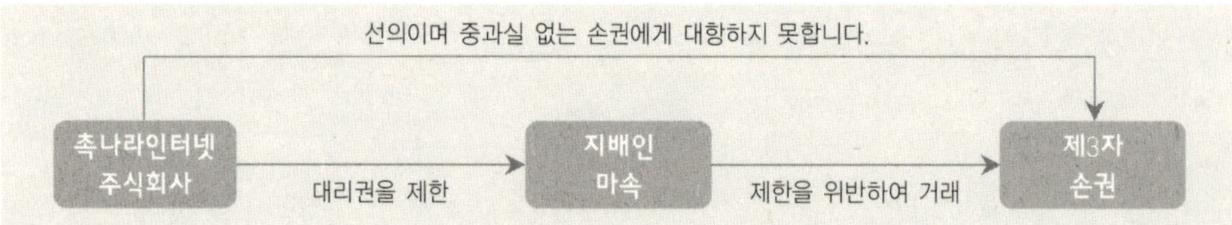

❸ 표현지배인

① 서

"지배인과 관련하여 공동지배인이나 표현지배인에 관한 이야기도 할 수 있습니다."

"표현지배인이란 무슨 말인지요?"

"표현지배인(表見支配人)이란 사실은 지배인이 아니지만, 겉으로[表] 나타나기에는[見] 지배인(支配人)인 자를 말합니다. 표현지배인은 진정한 지배인은 아니지만, 상법은 표현지배인이 진정한 지배인과 동일한 권한이 있는 것으로 보고 있지요.[37] 적법(適法)한 지배인의 행위에 대하여 영업주가 책임을 부담하는 것처럼 표현지배인의 행위에 대하여도 영업주가 책임을 지게 함으로써 상거래의 안전을 보호하려는 것입니다."

37 상법14조.

② 요건

"예를 들어 보지요. 대한제과 주식회사(大韓製菓株式會社)가 조병갑(趙秉甲)에게 고부지점(古阜支店) 영업소장이란 명칭을 사용할 것을 허락하였지만, 대한제과 주식회사는 조병갑에게 명칭에 상응하는 권한을 부여하지는 아니하였습니다. 지점의 영업거래에 관한 포괄적인 대리권을 수여하지 않았던 것이지요. 지점의 영업을 기계적으로 처리하도록 하였을 뿐입니다.

조병갑은 영업소장이란 명칭을 사용하여 지점의 영업에 관한 행위를 하였습니다. 그러던 어느 날 조병갑은 이성계에게 제과를 양도하면서 그 대금으로서 다음과 같은 어음을 취득하게 되었습니다."

약속어음

NO. 5

대한제과 주식회사 대표이사 고종 앞

일금 일천만원 정 ₩10,000,000

위의 금액을 대한제과 주식회사 대표이사 고종 또는 그 지시인에게 이 약속어음과 상환하여 지급함.

발행일 2007. 7. 1. 지급일 2007. 10. 1.

지급지 한양시

지급장소 한양시 조선동 1-1

발행지 한양시

발행인 이성계 ㉤

"조병갑은 자신의 개인적 목적을 위하여 권한 없이 대한제과 주식회사 대표이사인 고종(高宗)의 배서를 위조하여 전봉준(全琫準)으로부터 어음을 할인하였습니다.

전봉준에게 고부지점의 긴급한 영업자금을 조달하기 위하여 어음을 할인해야 한다고 이야기하면서 액면 일천만 원인 어음을 할인하여 전봉준으로부터 900만 원을 지급받고 어음을 양도한 것이지요. 전봉준은 어음을 취득함에 있어서 조병갑이 권한 없이 어음을 양도한다는 것을 알지 못하였으며, 중대한 과실도 없었습니다. 전봉준은 다음과 같은 어음을 취득한 것이지요."

				앞의 금액을 전봉준 또는 그 지시인에게 지급하여 주십시오. 2007년 7월 7일 대한제과 주식회사 대표이사 고종 ㊞

"표현지배인의 행위에 대하여 영업주가 책임을 부담하는 요건을 살펴보지요.

① 표현지배인이 진정한 지배인인 듯한 외관이 존재하여야 합니다. 즉 표현적 명칭, 예컨대 지점장, 영업주임이란 명칭을 사용하여 지배인의 권한에 속하는 영업에 관한 행위를 하여야 하지요. 이 사례에서 조병갑은 영업소장이란 명칭을 사용하여 지배인의 권한 범위에 속하는 어음행위를 한 것입니다.

② 영업주가 명칭사용을 허락해야 합니다. 명칭사용을 허락하였다는 점에서 영업주에게 귀책사유(歸責事由)가 있게 되는 것이지요. 영업주 대한제과 주식회사는 조병갑에게 고부지점 영업소장이란 명칭을 사용할 것을 허락했으므로, 귀책사유가 있습니다.

③ 거래상대방은 선의이며 중대한 과실이 없어야 합니다. 거래상대방인 전봉준은 선의이며 중대한 과실이 없었습니다. 즉 전봉준은 어음을 취득함에 있어서 조병갑이 권한 없이 어음을 양도한다는 것을 알지 못하였으며, 중대한 과실도 없었지요.

이런 경우 표현지배인에 관한 상법 제14조가 적용되어 대한제과 주식회사가 조병갑의 행위에 대하여 책임을 져야 할까요?"

"전봉준이 이성계에게 어음금의 지급을 청구하였지만, 어음금을 지급받을 수 없는 경우 제기되는 문제이군요."

"그렇습니다."

"귀책사유가 있는 자가 선의이며 중대한 과실 없이 거래한 자에게 책임을 져야 할 듯하군요."

"판례에 따르면 본점 또는 지점으로서의 실질을 갖추어야만 영업주가 표현지배인의 행위에 대하여 책임을 지게 됩니다. 즉, 대법원에 따르면 영업소로서의 실질을 구비하여야만 상법상 표현지배인에 관한 규정이 적용될 수 있다고 합니다.[38]

만약 대한제과 주식회사 고부지점이 기본적 업무를 독립하여 처리할 수 없고, 본점의 업무를 기계적으로 보조하는 경우라면 지점으로서의 실체를 갖지 못한 영업소가 되지요. 그러나 고부지점이 어느 정도는 본점으로부터 독립하여 독자적으로 업무를 수행할 수 있는 경우라면 지점으로서의 실체를 가진 영업소가 됩니다. 즉 고부지점이 본점으로부터 어느 정도 독립하

38 대법원 1998. 8. 21. 선고 97다6704 판결.

여 독자적으로 제과의 판매 여부에 관한 결정을 할 수 있다면 지점으로서의 실체를 가진 영업소가 되는 것입니다. 대법원에 따르면 이러한 요건이 구비된 경우에만 대한제과 주식회사가 전봉준에게 어음금을 지급할 책임을 부담하게 됩니다."

표현지배인의 행위에 대한 영업주의 책임에 관한 대법원 판결

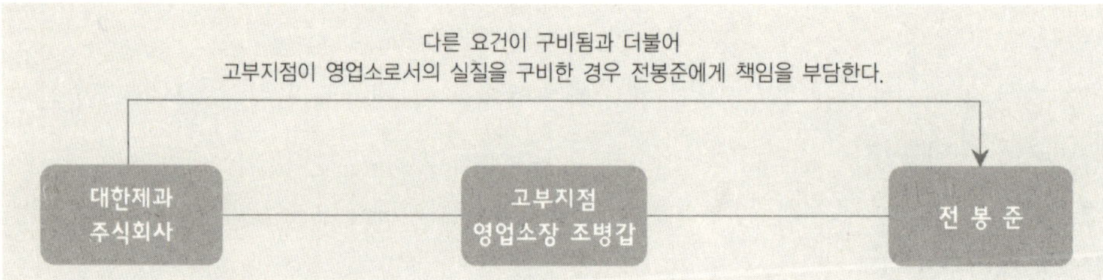

"표현지배인에 관한 상법의 규정이 적용되는 경우에는 제3자가 선의이며 중대한 과실이 없더라도 영업소로서의 실질이 구비되지 아니한다면 보호받을 수 없다는 이야기군요.

그러나 촉나라인터넷 주식회사 이사회가 마속을 천안지점의 지배인으로 임명하면서 포괄적인 권한을 수여하지만, 1천만 원 이상의 구매행위는 이사회의 결의를 얻은 후에 구매하도록 마속의 권한을 제한하는 경우에는 제3자가 보호된다고 하셨던 것 같은데……."

"그렇습니다. 지배인 마속의 대리권에 대한 제한은 선의의 제3자에게 대항하지 못하지요."[39]

"그렇다면 촉나라인터넷 주식회사 이사회가 마속을 천안지점의 지배인으로 임명하면서 포괄적인 권한을 수여하지만, 어음의 발행이나 배서를 금지하는 경우에는 어떻게 될지 궁금합니다."

39 상법11조3항.

“구체적으로 이야기를 하겠습니다. 마속은 지점장이란 명칭을 사용하여 영업에 관한 행위를 하였습니다. 그러던 어느 날 마속은 동탁에게 CD를 양도하면서 그 대금으로서 다음과 같은 어음을 취득하게 되었습니다.”

약속어음

NO. 6

촉나라인터넷 주식회사 대표이사 유비 앞

일금 일천만원 정 ₩10,000,000

위의 금액을 촉나라인터넷 주식회사 대표이사 유비 또는 그 지시인에게 이 약속어음과 상환하여 지급함.

발행일 2007. 7. 1. 지급일 2007. 10. 1.

지급지 서울특별시

지급장소 서울특별시 삼국지은행 삼국동지점

발행지 서울특별시

발행인 동탁 ㊞

“마속은 자신의 개인적 목적을 위하여 권한 없이 촉나라인터넷 주식회사 대표이사 유비의 배서를 위조하여 조조로부터 어음을 할인하였습니다. 조조에게 천안지점의 긴급한 영업자금을 조달하기 위하여 어음을 할인해야 한다고 이야기하면서 액면 일천만 원인 어음을 할인하여 조조로부터 900만 원을 지급받고 어음을 양도한 것이지요. 조조는 다음과 같은 어음을 취득하였습니다."

앞의 금액을 조조 또는 그 지시인에게 지급하여 주십시오.

2007년 7월 7일
촉나라인터넷 주식회사
대표이사 유비 ㊞

"촉나라인터넷 주식회사가 마속을 천안지점의 지배인으로 임명하면서 포괄적인 권한을 수여하였지만, 대리권을 제한하였습니다. 마속은 개인적인 목적을 위하여 본래 지배인의 권한 범위에 속하는 어음행위를 한 것입니다.

조조가 어음을 취득하였을 때 마속이 권한 없이 어음을 양도한다는 것을 알지 못하였으며, 중대한 과실도 없었다면 지배인의 대리권의 제한에 관한 규정이 적용될 수 있습니다. 즉, 상법 제11조 제3항이 적용되어 중대한 과실 없이 어음을 취득한 조조가 보호받게 됩니다."[40]

"정리를 해주면 좋겠습니다."

"지배인의 대리권의 제한에 관한 규정[41]과 표현지배인에 관한 규정[42]에 대한 대법원 판결을 살펴보았습니다. 대법원은 회사가 지배인으로 인정될 만한 명칭을 사용하는 것을 허락하

40 대법원 1997. 8. 26. 선고 96다36753 판결.
41 상법11조3항.
42 상법14조.

였으며, 상대방이 선의이면서 중과실이 없는 경우 상법상 지배인의 대리권의 제한에 관한 규정에 따라 거래상대방이 보호받을 수 있다고 하였습니다. 그러나 상법상 표현지배인에 관한 규정이 적용되는 경우에는 이와 더불어 영업소로서의 실질이 구비되어야만 거래상대방이 보호받을 수 있다고 합니다. 이러한 구별 없이 귀책사유(歸責事由)가 있는 자가 선의이면서 중대한 과실이 없는 자에게 책임을 부담하는 방안을 생각해볼 필요가 있습니다."

(4) 명의대여자의 책임

❶ 서설

"표현지배인의 행위에 대한 영업주의 책임에 관한 규정[43]과 유사한 취지의 규정으로서 명의차용자의 행위에 대한 명의대여자의 책임에 관한 규정[44]을 들 수 있습니다."

"명의대여란 무엇인가요?"

"명의대여(名義貸與)란 명의를 대여하는 것, 즉 타인에게 자신의 성명 또는 상호를 이용하여 영업할 것을 허락하는 행위이지요. 타인에게 자신의 성명 또는 상호를 사용하여 영업할 것을 허락한 자를 명의대여자(名義貸與者)라 하고, 허락받은 자를 명의차용자(名義借用者)라고 합니다. 명의대여자는 자신을 영업주로 오인하고 명의차용자와 거래한 상대방에게 중대한 과실이 없는 경우 명의차용자와 연대하여 변제할 책임을 집니다."[45]

43 상법14조.
44 상법24조.
45 상법24조.

❷ 요건

"원균(元均)은 과거에 친하게 지냈던 선조(宣祖)를 찾아가 당신은 명망 있는 사업가이니 나를 조금만 도와달라고 부탁하였습니다. 사업을 하려는데 명망 있는 당신의 이름을 빌려달라고 하였습니다. 사업에 필요한 자금을 스스로 조달하는 것은 물론이며, 사업을 하다가 손해가 발생된다 하더라도 피해가 가지 않게 할 것이니 선조라는 이름만 빌려달라고 하였습니다. 선조가 원균을 딱하게 여겨 이름을 빌려주었습니다. 이렇게 해서 원균은 선조로부터 명의를 차용하게 되었습니다. 법률적으로 원균을 '명의차용자'라고 하고, 선조를 '명의대여자'라고 합니다.

원균이 선조의 명의를 빌려 사업을 하던 중 이순신(李舜臣)으로부터 물건을 매수하고 3개월 후에 그 대금을 지급하기로 하였지요. 3개월 후에 이순신이 원균에게 대금의 지급을 청구하려고 하였지만, 원균은 부도를 내고 잠적한 상태였습니다."

"명의대여자 선조가 이순신에게 대금을 지급할 책임을 지나요?"

"명의대여자가 책임을 부담하기 위한 요건이 충족되느냐를 살펴보지요.

① 명의차용자의 영업이 명의대여자의 영업인 듯한 외관이 존재하여야 하며, ② 명의대여자가 자신의 성명 또는 상호를 사용하여 영업을 할 것을 허락하였으며, ③ 거래상대방은 선의이며 중대한 과실이 없어야 합니다.

원균이 명의대여자 선조의 명의로 사업을 하였으며, 선조가 자신의 성명을 사용하여 원균에게 영업할 것을 허락하였으며, 거래상대방 이순신이 명의가 대여된 것을 알지 못하고 원균과 거래하였고, 명의가 대여된 것을 알지 못한 데 대하여 중대한 과실이 없다면 명의대여자가 책임을 부담하기 위한 요건이 충족됩니다. 이러한 요건이 충족된다면 명의대여자인 선조가 제3자인 이순신에게 매매대금을 지급할 책임을 져야 합니다."

명의차용자 원균의 행위에 대한 명의대여자 선조의 책임

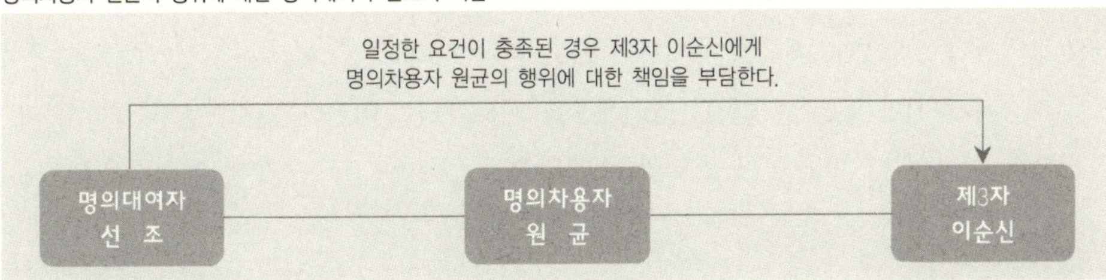

(5) 영업양도

"인근에서 사업을 하던 김경순(金敬順)이 영업을 양도한다고 하더군요. 김경순은 임차한 건물에서 숙련된 기술자들을 고용하여 게임용 CD를 생산하였으며, 인터넷 게임 사업을 하여왔습니다. 나이가 들고 몸이 쇠약해진 김경순은 영업을 양도하려고 합니다. 개개의 재산을 나누어 처분하는 경우와 영업용 재산을 포괄적으로 이전하는 경우는 차이가 있나요?"

"만약 김경순이 임대료를 반환받고, 제작한 CD와 컴퓨터는 각각 왕건과 견훤에게 양도하고, 고용되었던 기술자들은 뿔뿔이 흩어졌다고 가정해보지요. 이러한 경우 영업의 동일성이 유지되지 아니합니다. 즉, 영업활동이 김경순이 하던 것과 동일하게 유지될 수는 없게 됩니다.

그러나 제작한 CD, 컴퓨터, 기술자들을 모두 왕건에게 양도하고 같은 건물에서 왕건이 계속 사업을 하는 경우를 생각해보지요. 이 경우 영업의 동일성이 유지됩니다. 즉 김경순이 하던 영업활동과 동일하게 왕건이 계속 영업활동을 할 수 있습니다.

두 가지 경우를 생각해 본 결과 김경순은 영업용 재산을 포괄적으로 이전하는 것이 유리하다는 판단하에 왕건과 영업양도 계약을 체결하였다고 가정해보지요. 두 사람은 영업의 동일성을 유지하면서 재산적 가치가 있는 조직화된 영업재산을 포괄적으로 이전하는 계약을 체결한 것입니다.

김경순과 왕건이 다음과 같이 영업양도 계약서를 작성한다고 생각해 보시지요."

영업양도 계약서

김경순을 "갑"이라 하고 왕건을 "을"이라 하여 당사자는 아래와 같이 영업양도 계약을 체결한다.

제1조 "갑"은 "을"에 대하여 다음 영업 및 상호를 대금 3억 원으로써 양도할 것을 약속하고 "을"은 이를 승낙함.

1. "갑"이 경주시 서라벌동 1번지의 서라벌전자에 대한 영업권
2. "갑"이 위 영업을 위하여 서라벌전자라고 칭하는 등기된 상호

제2조 "갑"은 "을"에 대하여 2007년 2월 2일까지 제1조의 영업권을 명도함과 동시에 전후의 물건의 전부와 영업장부 및 서류를 인도하여 영업승계의 제절차를

완료하여야 한다. "갑"은 "을"에 대하여 2007년 2월 2일까지 제1조에 의한 상호의 이전등기신청을 하여야 하고 "갑"의 영업으로 인하여 생긴 채무에 대해서는 "을"은 그 책임을 부담하지 않는다는 신청을 하여야 함.

제3조 "갑"이 전조의 각 행위를 함과 동시에 "을"은 제1조의 대금을 "갑"에게 지급하여야 함.

제4조 본 건 영업에 관한 공과금에 대한 본 계약 성립의 전일까지의 분은 "갑"이, 그 후의 것은 "을"이 부담함.

제5조 "갑"은 본 계약 성립일부터 만 10년간 동일영업을 할 수 없음.

위 계약을 증명하기 위하여 본 계약서 2통을 작성하고 각자 서명 날인하여 각각 1통씩을 보관하여 후일의 분쟁에 대비함.

2007년 1월 11일

양도인 "갑" 성명 : 김경순 ㉐

주 소 : 경주시 서라벌동 2번지

연락처 : 011-111-111

양수인 "을" 성명 : 왕 건 ㉐

주 소 : 서울시 개성구 송악동 고려마을 111동 222호

연락처 : 011-111-222

"위 계약에 따라 왕건은 김경순에게 대금 3억 원을 지급할 의무를 부담하며, 김경순은 영업재산을 상호와 더불어 왕건에게 이전할 의무가 있으며, 경업금지의무를 부담합니다. 경업금지의무(競業禁止義務)란 경쟁이 되는 영업을 하는 것이 금지되는 의무를 말하지요. 김경순은 영업을 양도한 후 인근지역에서 왕건과 동일한 영업을 하지 아니할 의무를 부담하게 됩니다."[46]

양도인 김경순과 양수인 왕건 간의 의무

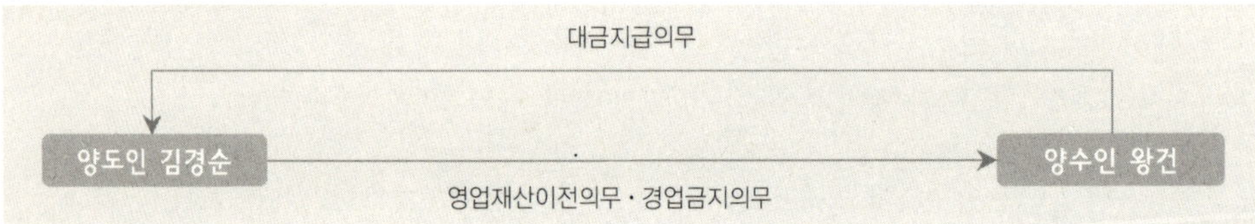

"왕건은 김경순의 영업상 채무를 고려하지 아니하고 대금을 3억 원으로 정하였습니다. 김경순이 마의태(麻衣太)에게 3천만 원의 영업상 채무를 부담하고 있는 경우를 생각해보지요. 마의태가 김경순에게 컴퓨터 10대를 외상으로 판매하였지만, 김경순이 그 대금 3천만 원을 지급하지 않고 있었던 것입니다.

만약 영업양도인 김경순이 왕건으로부터 대금 3억 원을 지급받았지만, 마의태에게 채무를 변제하지 아니한다면 채권자 마의태가 영업양수인 왕건에게 그 금액을 청구할 수 있는가를 살펴보지요.

왕건이 영업양도를 받은 후 지체 없이 김경순의 채무에 대한 책임이 없음을 등기한 경우와 김경순과 왕건이 지체 없이 마의태에게 그 뜻을 통지한 경우에 그 통지를 받은 마의태에 대

46 상법41조.

하여는 변제할 책임이 없습니다.[47] 왕건이 '서라벌전자'라는 상호를 계속 사용하지만, 김경순의 영업으로 인하여 생긴 채무에 대해서는 책임을 부담하지 아니한다는 등기를 한 경우 양도인 김경순의 채권자 마의태에 대한 책임관계를 다음의 표에서 살펴볼 수 있습니다."

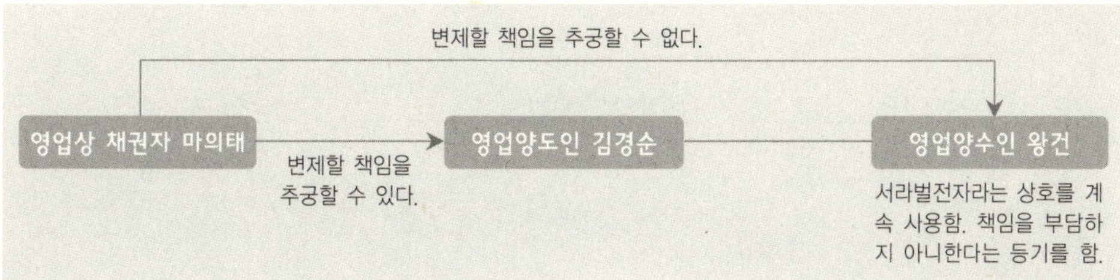

"그러나 왕건이 아무런 조치를 취하지 아니하였다고 가정해보지요. 이러한 경우 왕건도 김경순의 채권자 마의태에게 변제할 책임이 있습니다.[48] 마의태는 김경순의 영업재산에 의하여 자신의 채권이 담보되는 것으로 생각하였으며, 실질적으로 마의태가 납품한 컴퓨터는 김경순의 영업용 재산의 일부입니다.

영업양도로 인하여 영업용재산을 왕건이 소유하게 되므로 채권자 마의태의 권리를 해할 우려가 있습니다. 김경순이 사용하던 상호를 왕건이 계속 사용하기 때문에 영업이 양도된 사실을 마의태가 파악하기 어려운 경우 왕건도 마의태에게 변제할 책임을 집니다. 즉, 김경순의 채무가 왕건에게 승계되지 아니하였지만, 왕건이 '서라벌전자'라는 상호를 계속 사용함으로써 영업이 양도된 사실이 대외적으로 판명되기 어렵게 되어 마의태가 채권 행사의 기회를 상

47 상법42조2항.
48 상법42조1항.

실할 우려가 있는 경우 영업양수인 왕건도 변제할 책임을 집니다. 왕건이 '서라벌전자'라는 상호를 계속 사용하지만, 별도의 조치를 취하지 아니한 경우 영업양도인 김경순의 채권자 마의태에 대한 책임관계를 다음의 표에서 볼 수 있습니다."

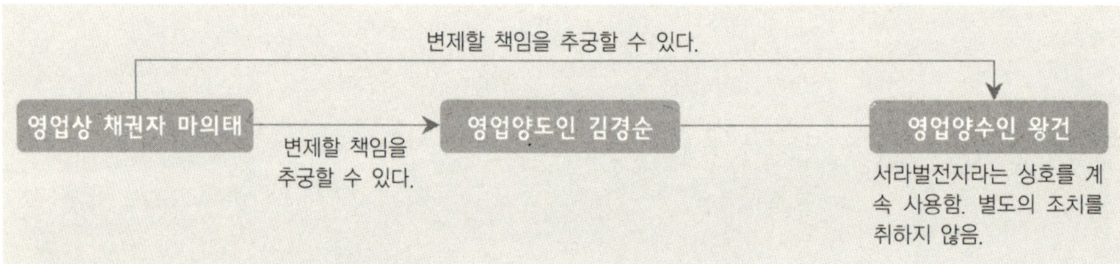

(6) 소멸시효

❶ 매도인이 상인인 경우 채권의 소멸시효

마당발(馬堂髮)이 최치원(崔致遠)에게 전자제품을 판매하고 있는 이웃 상인의 문제에 대하여 상담을 하려고 합니다.

"이웃에서 전자제품을 판매하고 있는 고보장(高寶藏)이 와서 하소연을 하더군요. 2003년 2월 2일 상인 고보장이 김법민(金法敏)에게 외상으로 전자제품을 매도하고 김법민이 2003년 3월 3일 그 대금을 지급하기로 하였답니다. 그런데 고보장이 그간 대금의 지급을 청구하지 않다가 어제께 대금의 지급을 청구하였는데 김법민은 현재 자금사정이 좋지 않고, 더구나 고보장이 지난 4년간 아무런 이야기도 하지 않았기 때문에 대금을 지급하지 않겠다고 우긴답니다. 고보장의 자금사정이 요새 상당히 어려운데 대금을 지급받을 방법이 없을까요?"

"오늘이 2007년 4월 15일입니다. 상인이 판매한 상품의 대가에 대하여는 3년의 소멸시효가 적용되므로,[49] 4년 이상 권리를 행사하지 아니하였다면 소멸시효가 완성되어 대금을 지급받기가 곤란합니다."

"소멸시효란 무엇인가요?"

"소멸시효(消滅時效)란 시간이 경과함으로써 권리가 소멸하는 효력, 즉 권리를 행사할 수 있는데도 불구하고 일정한 기간 동안 권리를 계속 행사하지 않음으로써 권리가 소멸하는 효력을 말하지요. 소멸시효란 제도를 법에서 인정하고 있는 이유로는 오랫동안 자기의 권리를 주장하지 않는 자는 이른바 권리 위에 잠자고 있었던 자이므로 법의 보호를 받을 가치가 없다는 것과 오랜 시간이 지나면 정당한 권리에 대한 증거를 확보하기가 어렵다는 것을 들 수 있습니다."

"그러면 소멸시효기간은 항상 3년인가요?"

"다양한 소멸시효가 인정되고 있습니다. 민법상 소멸시효는 원칙적으로 10년이지만,[50] 상법상 소멸시효는 원칙적으로 5년입니다.[51] 상법상 소멸시효가 민법상 소멸시효보다 단기인 이유는 상거래를 신속하게 종결시키기 위한 취지라고 설명되지요.

그러나 상법 또는 다른 법령에 5년보다 단기의 시효의 규정이 있는 때에는 그 규정이 적용되는 바,[52] 민법과 상법에는 5년보다 단기인 다양한 시효를 인정하고 있습니다. 민법에서는 생산자 및 상인이 판매한 생산물 및 상품의 대가에 대하여는 3년의 단기소멸시효가 적용된다고 규정하고 있습니다.[53] 상인이 상품을 공급하고 상대방이 대금을 지급하기로 하는 계약을 체결

49 민법163조6호.
50 민법162조1항.
51 상법64조본문.
52 상법64조단서.
53 민법163조6호.

하는 경우 상인이 대금의 지급청구권을 행사할 수 있는 날로부터 3년간 권리를 계속 행사하지 아니한다면 권리가 소멸합니다.

매도인 고보장은 2003년 3월 3일부터 매수인 김법민에게 대금의 지급을 청구할 수 있는 권리를 갖게 됩니다. 매도인 고보장이 상인이므로, 상인이 판매한 상품의 대가에 관한 채권의 소멸시효는 3년입니다.[54] 따라서 고보장이 권리를 행사할 수 있는 날인 2003년 3월 3일부터 3년간 권리를 계속 행사하지 아니하였기 때문에 고보장의 권리가 소멸되었습니다."

매도인 고보장이 상인인 경우 대금지급청구권의 소멸시효

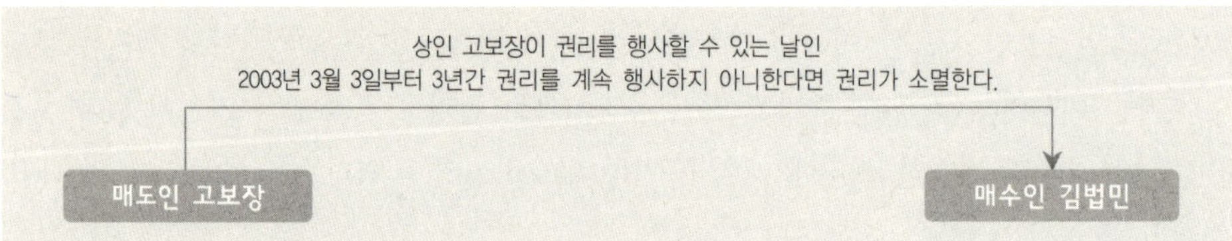

❷ 위탁자의 위탁매매인에 대한 채권의 소멸시효

"고보장의 채권의 소멸시효에 대하여 잘 들었습니다. 사실은 손권에게도 유사한 문제가 있습니다. 손권은 물건의 매매를 위탁받아 그 물건을 매매하는 것을 영업으로 하고 있습니다. 상인 조조가 2003년 2월 2일 위탁매매인 손권에게 물건의 매도를 위탁하였습니다. 즉, 조조는 손권에게 상품을 공급하고, 손권은 그 물건을 제3자에게 매도하여 받은 대금을 조조에게 지급하기로 하는 위탁매매계약을 체결하였습니다. 손권이 제3자로부터 대금을 지급받은 날

54 민법163조6호.

그 대금을 조조에게 지급하기로 하고, 조조는 손권에게 보수를 지급하기로 한 것입니다.

조조로부터 상품을 공급받은 손권은 사마의(司馬懿)에게 상품을 매도하고 손권은 2003년 3월 3일 대금을 지급받았습니다. 그간 손권에게 대금의 지급을 청구하지 않고 있던 조조는, 2007년 4월 15일 대금의 지급을 청구하였습니다.

이 경우에도 조금 전의 사례처럼 소멸시효가 완성되어 대금을 지급할 필요가 없는 것입니까?"

"그렇지 않습니다. 민법에서는 상인이 판매한 상품의 대가에 대하여는 3년의 소멸시효가 적용된다고 규정하고 있습니다.[55] 그러나 대법원 판결에 따르면 위탁매매인의 대금지급의무는 상인이 판매한 상품의 대가에 해당하지 아니하여 일반적인 상법상 소멸시효가 적용됩니다.[56] 이 경우의 소멸시효는 5년이므로,[57] 위탁자 조조의 대금지급청구권에 대해서는 5년의 소멸시효가 적용됩니다."

위탁자 조조의 위탁매매인 손권에 대한 대금지급청구권의 소멸시효에 대한 대법원 판결

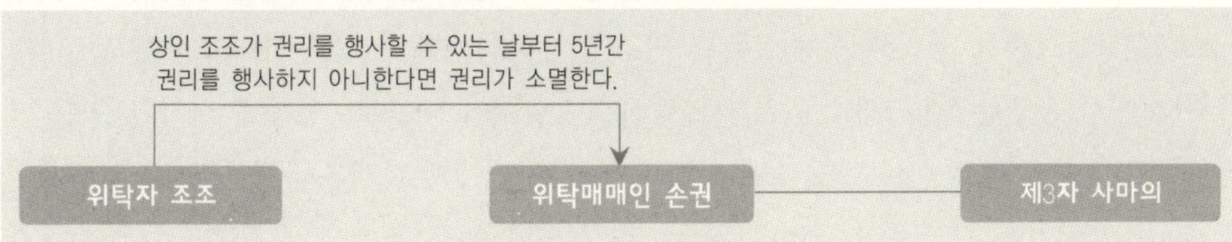

"아니, 왜 그렇게 되는 것이지요?"

"먼저 위탁매매에 대하여 살펴보고, 매매와 위탁매매의 경우 어떠한 차이점이 있기 때문에

55 민법163조6호.
56 대법원 1996. 1. 23. 선고 95다39854 판결.
57 상법64조.

대법원이 이러한 판결을 내렸는지를 살펴보지요.

법적으로 위탁매매인(委託賣買人)이란 위탁받아 매매하는 것을 영업으로 하는 사람[人], 즉 자기명의(自己名義)로 타인의 계산(計算)으로 물건 또는 유가증권의 매매를 영업으로 하는 자를 말합니다.[58] 위탁매매인은 자기명의로써 거래하므로 제3자에 대한 관계에서는 위탁매매인이 권리의무의 주체가 됩니다. 그러나 거래의 경제적 효과, 즉 손익(損益)은 위탁자에게 귀속되지요."

위탁매매의 기본구조

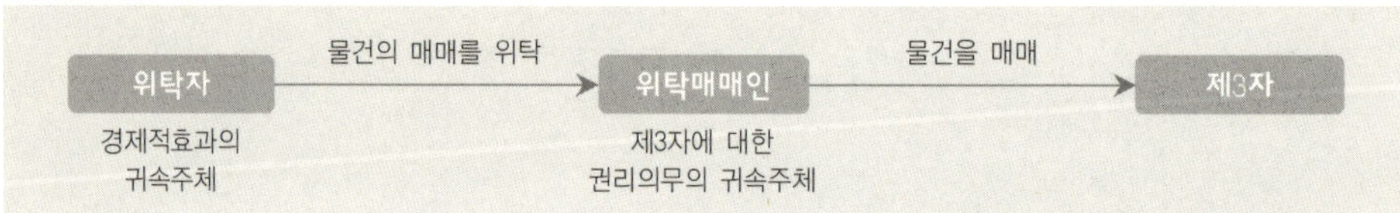

"조조로부터 상품을 공급받은 손권은 자기명의로 사마의에게 상품을 매도하게 됩니다. 양자의 관계에서 손권은 매도인이 되며, 사마의는 매수인이 되므로, 상품에 하자가 있는 경우 손권이 하자담보책임(瑕疵擔保責任)을 부담하지만, 사마의에게 대금지급청구권을 갖게 됩니다. 손권이 사마의로부터 대금을 지급받은 경우 경제적 효과는 조조에게 귀속되므로 조조는 손권에게 대금지급청구권을 행사할 수 있습니다."

"위탁매매의 법률관계는 매매보다 복잡한 것 같군요."

"동일한 점도 있지만 차이점도 있습니다. 매매와 위탁매매의 대가관계를 비교해보지요.

58 상법101조.

매도인 고보장이 매수인 김법민에게 상품을 공급하는 경우 김법민은 상품공급의 대가로서 대금을 지급하는 것이므로, 상품의 공급과 대금의 지급은 대가관계에 있습니다. 매수인은 상품 그 자체를 계약상 자신의 청구 이행의 목적으로 취득하게 됩니다."

매매의 경우 대가관계

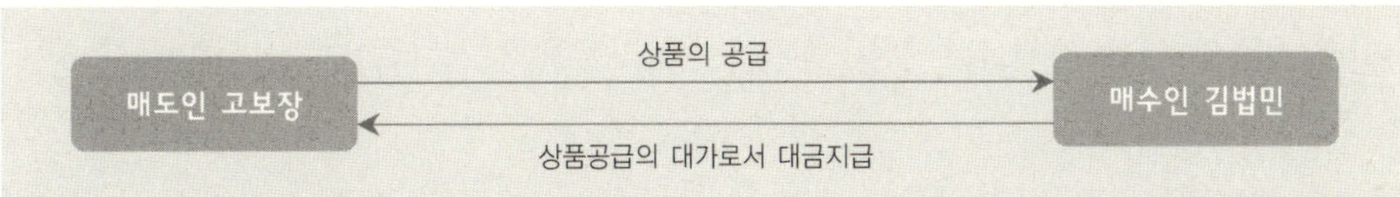

"앞에서 살펴본 것처럼 '상인이 판매한 상품의 대가'에 대해서는 3년의 소멸시효가 적용됩니다.[59] 그러나 대법원은 3년의 소멸시효가 적용되는 '상인이 판매한 상품의 대가'란 상품의 매매로 인한 대금 그 자체의 채권만을 말하는 것으로서 상품의 공급 자체와 등가성 있는 청구권에 한정된다고 해석하고 있습니다."

"등가성이란 무엇입니까?"

"등가성(等價性)이란 의미를 살펴보지요. 여기서 등이란 같을 등(等)을 의미합니다. 수학에서는 등식이란 말을 자주 사용하고 있지요. 등식(等式)이란 등호(等號) '='를 사용하여 양변이 같음을 나타내는 식을 의미합니다. 예를 들어 3X = 6과 같은 등식을 들 수 있습니다. 따라서 대법원 판결에서 이야기하는 상품의 공급 자체와 등가성 있는 청구권이란 상품의 공급 자체와 동일한 가치가 있는 청구권을 의미하는 것입니다.

59 민법163조6호.

매도를 위탁하는 경우 위탁자 조조는 위탁매매인 손권에게 상품을 공급하고 보수를 지급하며, 손권은 상품을 제3자 사마의에게 판매한 후 조조에게 대금을 지급합니다. 손권은 위임업무를 처리하는 대가로서 보수를 지급받게 되는 바, 대법원에 따르면 손권의 조조에 대한 대금지급의무 등의 계약상의 의무는 조조의 보수지급의무와 대가관계에 있다는 것입니다. 조조의 상품공급과 손권의 대금지급의무는 서로 대가관계에 있지 않기 때문에 조조의 대금지급청구권은 상품의 공급 자체와 동일한 가치가 있는 청구권이 아니라고 합니다."

위탁매매의 경우 대가관계에 관한 대법원 판결

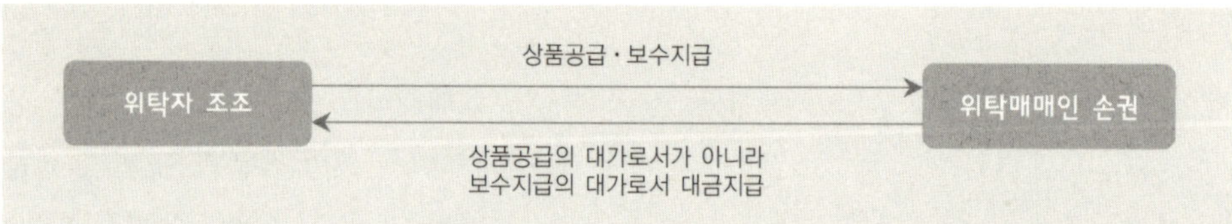

"대법원에 따르면 조조가 손권에게 행사할 수 있는 대금지급청구권은 물건의 공급에 대한 대가가 아니라고 합니다. 따라서 민법 제163조 제6호에서 규정하고 있는 '상인이 판매한 상품의 대가'에 해당하지 아니하여 3년의 소멸시효가 적용되는 것이 아니라고 합니다.

대법원에 따르면 위탁매매인 손권은 상인이고 위탁자 조조도 통상 상인이므로, 위탁자의 위탁매매인에 대한 채권은 다른 특별한 사정이 없는 한 상행위로 인하여 발생한 채권이어서 5년의 상사소멸시효의 대상이 된다고 합니다. 즉 상법에서 규정하고 있는 상행위에 관한 일반적인 소멸시효인 5년[60]이 적용된다고 합니다.

따라서 상인이 판매한 상품의 대가에 대해서는 민법의 규정에 의하여 3년의 소멸시효가 적용되지만, 위탁자의 대금지급청구권의 소멸시효에 대해서는 대법원에 의하여 5년의 소멸시효가 적용되고 있습니다."

"이러한 대법원의 판결은 타당한가요?"

"매매와 위탁매매를 구별하여 소멸시효를 달리 적용하는 것이 타당한가를 검토할 필요가 있습니다. 매매의 경우 매도인 고보장은 상품을 공급하고 그 대가로 대금을 지급받으며, 매수인 김법민은 그 상품을 소유하게 됩니다. 이에 비하여 매도를 위탁하는 경우 위탁자 조조는 상품을 위탁매매인 손권에게 공급하지만, 손권 자신이 그 상품을 소유하는 것이 아니라 제3자 사마의에게 판매하게 되며, 조조로부터 보수를 지급받게 됩니다. 이러한 예를 생각한다면 매매와 위탁매매가 서로 다른 점이 있다는 것은 명확하지요.

그러나 상인 조조는 대금을 지급받기 위하여 상품의 매도를 위탁하는 것이고, 상인 고보장 역시 대금을 지급받기 위하여 상품을 매도한 것입니다. 상품의 매도와 매도의 위탁 모두 영리를 위하여 하는 행위입니다. 이런 점을 생각한다면 매매와 위탁매매에는 공통점이 있습니다.

그렇다면 어떤 시각에서 보느냐에 따라 매매와 위탁매매에 관한 소멸시효가 달라진다는 것을 알 수 있습니다. 매매와 위탁매매를 구별하여 소멸시효를 정하는 경우와 통일적으로 정하는 경우는 어떠한 차이가 있을까요?"

"복잡한 문제라서 잘 모르겠군요."

"매매와 위탁매매를 구별하여 소멸시효를 정하는 것보다는 통일적으로 소멸시효를 정하는

60 상법64조.

것이 법률문제를 간명하게 해결하는 이점이 있습니다."

"그 방법이 간단해서 좋을 것 같군요."

"통일적으로 소멸시효를 정하게 된다면 그 기준을 어디에다 두어야 할 것인지를 생각해 보아야겠지요. 상인이 판매한 상품의 대가에 대하여는 3년의 소멸시효가 적용된다는 민법의 규정[61]을 기준으로 할 것인가 아니면 상거래에 관하여 일반적으로 5년의 소멸시효가 적용된다는 상법의 규정[62]을 기준으로 할 것인지 아니면 다른 법규를 기준으로 할 것인지의 문제가 제기됩니다.

이 두 규정을 포함하여 다음과 같이 다양한 소멸시효를 참고할 수 있습니다. 민법상 채권의 소멸시효는 원칙적으로 10년이며,[63] 상법상 채권의 소멸시효는 원칙적으로 5년입니다.[64]

그러나 민법, 상법 및 어음법은 이보다 짧은 다양한 단기의 소멸시효를 인정하고 있지요. 민법은 다양한 채권에 관하여 3년(163조)과 1년(164조)의 소멸시효를 규정하고 있으며, 상법은 2년(662조), 1년(121조, 147조, 662조) 또는 6개월(154조) 등의 소멸시효를 규정하고 있으며, 어음법은 3년, 1년 및 6개월(77조) 등의 소멸시효를 규정하고 있습니다."

(7) 리스

❶ 리스물건의 하자에 대한 리스회사의 책임 여부

이몽룡이 사업을 하다가 고가의 기계를 필요로 하게 되어 박지원(朴趾源)에게 이 기계를 이용하는 효율적인 방법에 대하여 문의를 하려고 합니다.

61 민법163조6호.
62 상법64조본문.
63 민법162조1항.
64 상법64조본문.

“사업을 하기 위하여 고가의 기계가 필요합니다. 성춘향에게 들으니 리스를 통하여 이 기계를 이용하는 방법이 있다고 합니다. 이에 대하여 이야기를 해주시면 좋겠습니다.”

“안의사(安醫師)가 병원을 개업하기 위하여 고가의 의료용 장비가 필요하였습니다. 안의사가 이 장비를 이용하는 방법은 의료장비회사로부터 이 장비를 구매하여 이용하는 방법, 의료장비회사로부터 이 장비를 임차하여 이용하는 방법, 은행으로부터 자금을 빌린 후 그 자금을 사용하여 이 물건을 이용하는 방법 및 리스하여 이용하는 방법 등이 있습니다. 안의사는 여러 가지 방법 중 리스하여 의료용 장비를 이용하기로 하였습니다.

안의사는 날림의료장비 주식회사와 리스할 물건, 가격, 인도 시기 등에 대하여 합의하였습니다. 안의사는 리스공급자인 날림의료장비 주식회사와의 합의를 토대로 대동강리스 주식회사와 리스계약을 체결하였습니다. 그 장비를 리스회사가 매수하고 안의사로 하여금 그 물건을 이용하게 하되, 안의사는 매월 500만 원씩 5년간 리스료를 지급하기로 하였지요. 날림의료장비 주식회사와 대동강리스 주식회사는 그 물건의 매매계약을 체결하였습니다. 대동강리스 주식회사가 그 물건을 소유하기로 하고, 그 물건을 안의사에게 인도하기로 한 것이지요. 안의사가 그 물건을 수령한 후 리스물건 수령증서(受領證書)를 대동강리스 주식회사에게 교부하였습니다. 리스회사는 그 물건의 대금을 날림의료장비 주식회사에 지급하였습니다. 안의사가 매달 리스료를 리스회사에 지급하였지요.”

리스거래의 기본적 구조

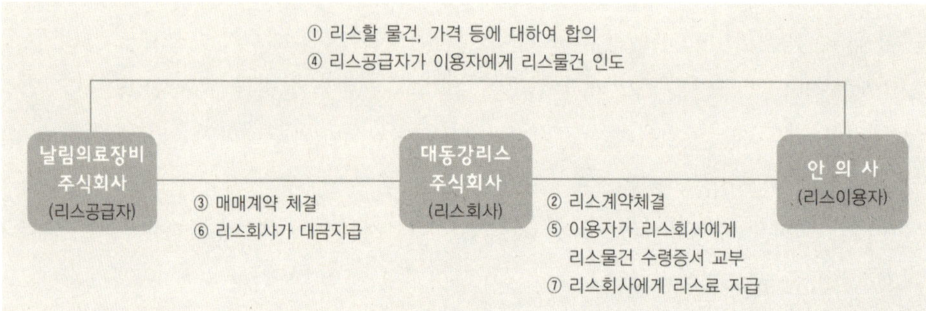

"안의사가 그 물건을 이용하여 의료행위를 하던 중 그 물건에 중대한 하자가 있는 것을 발견하였습니다. 날림의료장비 주식회사에 하자를 보완해 줄 것을 요구하였지만, 여러 차례 미루기만 할 뿐 하자를 보완하여주지 아니하였습니다. 그러던 중 이 회사가 사기군(詐欺君)들에 의하여 설립된 회사이고, 관계자들 모두가 구속되었거나 수배 중이라는 신문기사를 읽게 되었습니다.

이 사정을 대동강리스 주식회사의 담당자에게 이야기하였지만, 담당자는 이 계약의 약관 제8조 제1항에 '시설대여물건의 규격, 사양, 성능, 기능 등에 부적합, 불완전, 기타의 하자가 있더라도 리스회사는 책임을 지지 아니한다.'라고 규정되어 있으므로 리스료를 지급하라고 계속 독촉하였습니다. 이 경우 안의사가 리스료를 지급할 책임을 부담할까요?"

"좀 어려운 질문인 것 같습니다."

"대법원에 따르면 시설대여(금융리스)는 시설대여회사(리스회사)가 대여시설이용자(리스이용자)가 선정한 물건을 취득하거나 대여 받아 그 리스물건에 대한 직접적인 유지 관리책임을 지지 아니하면서 리스이용자에게 일정 기간 사용하게 하고 그 대여기간 중 지급받는 리스료에 의하여 리스물건에 대한 취득자금, 이자 기타 비용을 회수하는 거래관계입니다. 그 본질적 기능은 리스이용자에게 리스물건의 취득 자금에 대한 금융 편의를 제공하는 데에 있다고 합니다.[65] 형식적으로는 임대차계약과 유사하지만, 그 실질은 물적 금융이라는 것입니다.[66]

상법에서는 이러한 리스거래를 물융이라고 합니다."[67]

"물융이 무엇인가요?"

"물융(物融)이란 물적 금융을 말합니다. 물건을 사용하기 위하여 금융을 이용한다는 것이지요. 쉽게 생각해보시지요. 은행이나 아는 사람으로부터 돈을 빌렸습니다. 그 돈으로 어떤 물건을 사거나 빌리게 되었습니다. 그런데 그 물건에 중대한 하자가 있었습니다. 그 경우 은행이나 아는 사람이 그 하자에 관하여 책임을 져야 할까요?"

"그렇지는 않을 것 같습니다."

"맞습니다. 당신이 은행으로부터 돈을 빌려서 어떤 물건을 사거나 임차하는 경우 그 물건에 하자가 있다 하더라도 은행이 그 하자에 대하여 책임을 부담하지는 않습니다. 마찬가지로 설사 리스물건에 하자가 있다 하더라도 그 하자에 대하여 리스회사가 책임을 부담하는 것은 아니지요.

그렇다면 이 사례에서도 대동강리스 주식회사가 리스물건의 하자에 대하여 책임을 부담하지 않습니다. 결국 안의사가 리스회사에 대하여 리스료를 지급할 책임을 부담하게 됩니다."

65 대법원 1997. 11. 28. 선고 97다26098 판결.
66 대법원 1986. 8. 19. 선고 84다카503, 504 판결.
67 상법46조.

❷ 보증보험회사의 책임의 범위

"리스에 관한 다른 이야기를 해보지요. 김선달은 대동강리스 주식회사와 리스계약을 체결하였습니다. 선박을 리스회사가 매수하고 김선달로 하여금 그 선박을 이용하게 하되, 김선달은 매달 1,500만 원씩 5년간 리스료를 지급하기로 하였지요.

김선달은 담보로 금강산보증보험 주식회사(金剛山保證保險 株式會社)가 발행한 리스보증 보험증권을 교부하였습니다. 리스보증 보험계약의 내용은 리스이용자 김선달이 리스계약상의 채무를 이행하지 않는 경우에 대동강리스 주식회사가 입게 되는 손해를 금강산보증보험 회사가 보상하기로 약정한 것입니다. 다만 리스물건 인도 전에 피보험자인 대동강리스 주식회사가 입은 손해에 대하여는 금강산보증보험 주식회사가 책임을 부담하지 않기로 하였습니다."

리스보증 보험계약의 내용

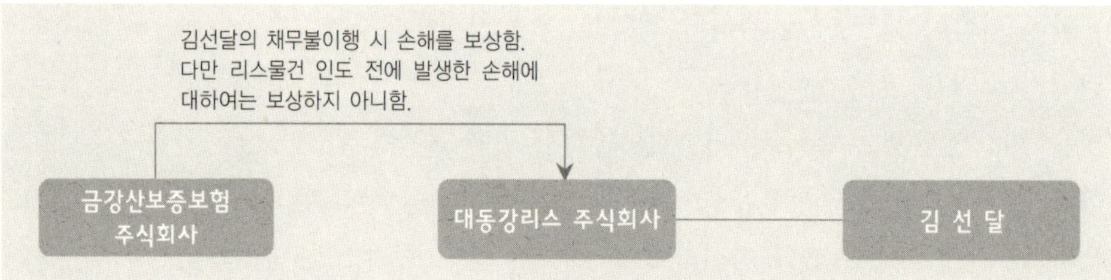

"김선달은 명나라해운 주식회사로부터 리스물건인 선박을 인도받지 아니하였지만 리스물건 수령증서를 발행하여 대동강리스 주식회사에게 교부하였습니다. 수령증서를 교부받은 대

동강리스 주식회사는 명나라해운 주식회사에게 선박대금을 지급하였습니다. 그 후 김선달이 리스료를 지급하지 아니하고 달아나 버리자 대동강리스 주식회사는 금강산보증보험 주식회사에게 보험금의 지급을 청구하였습니다.

정상적인 거래였다면 김선달이 명나라해운 주식회사로부터 선박을 인도받고, 리스물건 수령증서를 대동강리스 주식회사에게 교부하고, 선박대금을 지급하였겠지요. 그러나 김선달은 명나라해운 주식회사로부터 선박을 인도받지 아니하였지만 대동강리스 주식회사에게 리스물건 수령증서를 발행하여 교부하였으며, 리스료를 지급하지 아니하였습니다. 리스물건 인도 전에 피보험자인 대동강리스 주식회사가 입은 손해에 대하여 금강산보증보험 주식회사가 책임을 부담하지 않기로 약정한 경우 금강산보증보험 주식회사가 보험금을 지급할 책임을 지나요?"

"그럴 것 같지는 않습니다."

"그렇습니다. 이 사안과 관련된 대법원 판결을 보지요.[68] 리스이용자 김선달이 리스물건 수령증서를 리스회사에 발급한 경우 리스료를 지급할 의무가 있습니다. 보증보험은 리스이용자의 채무불이행으로 인한 손해를 담보하는 것이며, 보험자의 보상책임은 본질적으로 보증책임과 같습니다. 따라서 별도의 약정이 없으면 금강산보증보험 주식회사가 손해를 보상할 책임을 부담합니다.

그러나 리스물건을 인도하기 전에 발생한 손해를 보증의 범위에서 제외하는 것도 가능합니다. 따라서 리스보증보험증권에 '리스물건 인도 전에 피보험자가 입은 손해에 대하여는 담보책임을 부담하지 않음'이라고 기재되어 있다면 리스물건 수령증서가 발급되었다고 하더라도 리스물건이 인도되지 않는 동안에 발생한 손해에 대하여 금강산보증보험 주식회사가 보험금을 지급할 책임이 없습니다."

68 대법원 1991. 4. 9. 선고 90다카26515 판결.

3. 회사

(1) 회사의 종류

❶ 상법전상 회사의 종류

① 서

“회사의 종류에 대하여 이야기해 주시지요.”

“회사의 종류는 다양합니다. 상법(商法)을 기준으로 회사의 종류를 분류하는 경우 합명회사(合名會社), 합자회사(合資會社), 주식회사(株式會社), 유한회사(有限會社)의 네 가지 회사를 들 수 있습니다. 주로 사원이 부담하는 책임을 기준으로 4가지 회사로 나누어지는 것입니다. 합명회사는 이름[名]을 합한 사원으로 구성되는 회사, 즉 무한책임사원만으로 구성되는 회사입니다. 합자회사는 자본을 출자하는 사원도 힘을 합하여 구성되는 회사, 즉 무한책임사원과 유한책임사원으로 구성되는 회사입니다. 주식회사는 주식을 소유하는 주주로 구성되는 회사, 즉 유한책임사원인 주주만으로 구성되는 회사이며, 유한회사는 유한책임사원으로 구성하는 회사입니다.”

“그런데 주식회사와 유한회사는 비슷한 것 같은데요.”

“자세하게 살펴보면 차이가 있지만, 유한회사와 주식회사의 사원은 원칙적으로 유한책임을 부담한다는 점에서 유사하다고 할 수 있지요.

그러나 주식회사는 대체로 대규모의 기업경영에 적합한 회사이지만, 유한회사는 중소규모의 기업경영에 적합한 회사입니다. 유한회사는 주식회사의 축소판이라고 할 수 있습니다. 즉 유한회사는 주식회사보다 최저 자본액(最低 資本額)이 적으며, 기관구성이 간소화되어 있는 점

등이 주식회사와 다르지요."

"계속 이야기해 주시지요."

"네 가지 회사 중 주식회사와 합명회사의 사원의 책임, 기관 및 사원의 지위 양도라는 점에서 차이점을 살펴보겠습니다."

"왜 두 회사만 살펴봅니까?"

"현재 가장 많이 이용되고 있는 회사의 형태가 주식회사이며, 주식회사와 가장 대조적인 특색을 갖고 있는 회사가 합명회사입니다. 그래서 두 회사에 대하여 설명 드리려고 합니다. 원하신다면 네 회사 모두 설명 드리지요."

"좀 자세하게 회사의 종류별 특성을 알고 싶군요."

"그러시다면 네 회사의 종류별 특성에 대하여 말씀드리지요."

상법전상 회사의 종류별 특성

구 분	합명회사	합자회사	주식회사	유한회사
사원의 책임	직접 · 연대 · 무한책임	직접 · 연대 · 무한책임	간접 · 유한책임	간접 · 유한책임 단, 자본전보책임
		직접 · 연대 · 유한책임		
기 관	자기기관	무한책임사원 : 자기기관	제3자기관, 즉, 주주총회, 이사회, 대표이사, 감사 또는 감사위원회	제3자기관, 즉 사원총회 · 이사 · (감사)
		유한책임사원 : 업무감시권		
지 위 양 도	전사원의 동의	무한책임사원 : 전사원의 동의	원칙적으로 자유	사원총회의 특별결의
		유한책임사원 : 무한책임사원의 동의		

② 사원의 책임

가. 합명회사

"합명회사의 사원은 직접 · 연대 · 무한책임을 부담합니다.[69] 회사재산으로서 회사채무를 완제할 수 없는 경우 합명회사의 사원들은 회사채권자에 대하여 직접적으로 연대하여 무한책임을 지게 되는 것이지요."

"사례를 들어 주면 좋겠네요."

"관중(管仲)과 포숙(鮑叔)이 설립한 관포지교문예 합명회사(管鮑之交文藝 合名會社)를 생각해보지요. 관중과 포숙은 각각 1억 원 정도의 재산을 소유하고 있었습니다. 관중과 포숙이 각각 1천만 원씩 내서 총 2천만 원을 투자하여 합명회사를 설립했습니다.

이 회사의 영업실적이 매우 나빠서 5천만 원의 채무를 부담하게 되었다고 가정해보지요. 여불위(呂不韋)라는 채권자가 이 회사에 대하여 채권을 행사하여도 변제받을 수 없었습니다. 이 경우 관중은 여불위에게 돈을 직접 갚아야 할 법적 책임이 있습니다. 설령 합명회사의 사원인 관중이 1억 원의 재산을 소유하고 있는데, 이 중 1천만 원만을 투자할 생각으로 합명회사의 설립에 참여한 것이라 하더라도 여불위에게 변제할 책임이 있습니다. 이러한 논리는 합명회사의 다른 무한책임사원인 포숙에 대하여도 적용됩니다."

나. 합자회사

"합자회사는 직접 · 연대 · 무한책임을 부담하는 사원과 직접 · 연대 · 유한책임을 부담하는

69 상법212조.

사원으로 구성됩니다.[70]

이성계, 정도전(鄭道傳) 및 이방원(李芳遠)이 새나라건설 합자회사를 설립하였는 바, 이성계는 무한책임사원이지만 정도전과 이방원은 유한책임사원입니다. 이성계, 정도전 및 이방원은 각각 1억 원의 재산을 소유하고 있는데, 이성계, 정도전 그리고 이방원이 각각 1천만 원씩 세 사람이 합하여 3천만 원을 투자하여 새나라건설 합자회사를 설립한 것입니다.

이 회사의 영업실적이 매우 나빠서 원래의 투자금액을 다 까먹은 것은 물론이며 채무만 5천만 원이 발생했다고 가정해보지요. 새나라건설 합자회사의 채권자 단종(端宗)이 새나라건설 합자회사에 대하여 채권을 행사하여도 변제받을 수 없게 됩니다. 이 경우 합자회사의 무한책임사원인 이성계는 그 돈을 채권자 단종에게 직접 갚아야 할 법적 의무가 있습니다. 이성계가 1억 원의 재산을 소유하고 있는데, 이 중 1천만 원만을 투자할 생각으로 합자회사의 설립에 참여한 것이라 하더라도 회사 채무에 대하여 이성계 자신의 전재산으로 변제할 의무가 있습니다. 합자회사의 무한책임사원의 책임은 합명회사의 사원의 책임과 동일하므로, 앞의 예와 마찬가지로 이성계는 매우 엄격한 책임을 지게 되는 것입니다.

그러나 정도전이 부담하는 책임은 유한하므로 정도전이 설립 당시에 출자하기로 한 금액 1천만 원을 합자회사에 출자했다면 그 금액을 초과하는 책임은 부담하지 않습니다. 이러한 논리는 합자회사의 다른 유한책임사원인 이방원에 대하여도 적용됩니다."

다. 주식회사

"주식회사는 주주의 출자로 구성되는 자본이 주식으로 분할되고, 원칙적으로 주주는 유한

70 상법268조.

책임만을 부담하게 되는 회사입니다. 주식회사의 사원인 주주는 원칙적으로 유한책임(有限責任), 즉 주식의 인수가액을 한도로 한 책임만을 부담하게 됩니다."[71]

"형제인 관우, 장비와 함께 촉나라인터넷 주식회사를 설립할 계획을 갖고 있습니다. 저와 관우와 장비가 각각 1억 원을 투자하려고 합니다."

"주식회사의 사원은 원칙적으로 유한책임을 부담합니다. 따라서 유비, 관우, 장비가 설립 당시에 출자하기로 한 금액 모두를 촉나라인터넷 주식회사에 대하여 출자했다면 그 금액을 초과하는 책임은 부담하지 않습니다.

촉나라인터넷 주식회사의 영업실적이 매우 나빠서 원래의 투자금액 3억 원을 다 까먹은 것은 물론이며 채무만 5천만 원이 발생했다고 가정해보지요. 채권자들이 촉나라 인터넷 주식회사에 대하여 채권을 행사하여도 변제받을 수 없겠지요. 이 경우 합명회사의 무한책임사원인 관중과 포숙은 그 돈을 회사채권자들에게 직접 갚아야 할 법적 책임이 있었습니다. 그러나 주주인 유비, 관우, 장비가 부담하는 책임은 유한하므로, 이들이 설립 당시에 출자하기로 한 금액을 촉나라인터넷 주식회사에 출자했다면 그 금액을 초과하는 책임은 부담하지 않습니다."

"주식회사의 사원이 유한책임 이외의 다른 책임을 부담하는 경우도 있습니까?"

"발기인(發起人)의 경우 엄격한 책임을 부담하며, 법인격부인론(法人格否認論)에 따라 주주의 유한책임이 부정되기도 합니다.

발기인의 책임을 예로 들어 보지요. 만약 장비가 1억 원을 출자하기로 하였지만, 출자를 이행하지 아니하고, 촉나라인터넷 주식회사의 설립등기가 완료되었다고 생각해보지요. 이 경우 발기인이 자본충실책임(資本充實責任)을 지게 됩니다. 만약 당신이 발기인이라면 자본

71 상법331조.

충실책임을 지게 되겠지요. 장비의 출자금액 1억 원을 당신이 출자해야 할 책임을 지게 됩니다."

라. 유한회사

"유한회사의 사원은 원칙적으로 출자금액을 한도로 하는 유한책임만을 부담합니다.[72] 주식회사의 사원의 책임과 유사하지만, 사원이 자본전보책임을 진다는 점에서 차이가 있습니다.

단군(檀君)과 웅녀(熊女)가 각각 1,000만 원을 투자하여 홍익문고(弘益文庫) 유한회사를 설립하려고 합니다. 단군과 웅녀가 부담하는 책임은 유한하므로 이들이 설립 당시에 출자하기로 한 금액 모두를 홍익문고 유한회사에 대하여 출자했다면 그 금액을 초과하는 책임은 부담하지 않습니다. 다만, 단군은 출자를 이행하였지만 웅녀가 출자를 이행하지 아니한 것이 회사성립 후에 발견된 경우 유한책임사원은 자본전보책임을 부담합니다."

"자본전보책임이란 무엇인가요?"

"전보(塡補)란 부족을 메워서 채운다는 의미이지요. 즉 자본이 부족한 경우 부족한 액수를 채워야 한다는 것입니다. 홍익문고 유한회사가 성립한 후에 출자금액의 납입이 완료되지 않았음이 발견된 때 성립당시의 사원에게 연대책임이 있으므로,[73] 단군도 그 금액을 납입할 책임을 부담합니다."

③ 기관

"다음에는 기관(機關)에 대하여 말씀드리겠습니다."

72 상법553조.
73 상법551조1항.

"기관이란 무엇을 말합니까?"

"회사는 자연인이 아니라 법인입니다. 따라서 회사의 의사와 활동은 회사의 조직상 일정한 지위에 있는 자에 의하여 실현됩니다. 즉 회사의 조직상 일정한 지위에 있는 자의 의사결정이나 행위는 법률상 회사의 의사결정이나 행위로 인정되는 것입니다. 회사의 의사를 결정하고 행위를 실행하는 회사조직상의 지위를 회사의 기관이라고 하는 것이지요."

가. 합명회사

"합명회사는 자기기관의 형태를 취하고 있습니다."

"자기기관이란 무슨 의미이지요?"

"자기기관(自己機關)이란 자기가 기관이 된다는 의미, 즉 사원 자신이 기관이 된다는 뜻입니다. 합명회사의 사원은 엄격한 책임을 지므로 그에 상응하여 회사의 업무를 집행하고 회사를 대표하는 권한을 갖게 됩니다. 합명회사의 사원이 엄격한 책임을 부담하는 것은 각 사원이 기업경영에 참여하기 때문입니다. 원칙적으로 각 사원은 각자 회사의 업무를 집행하고 회사를 대표하는 권한을 갖게 됩니다.[74] 따라서 관포지교문예 합명회사의 무한책임사원인 관중과 포숙이 각각 회사대표권(會社代表權)을 갖게 됩니다."

나. 합자회사

"이성계, 정도전 및 이방원이 새나라건설 합자회사를 설립하였는 바, 이성계는 무한책임사원이지만 정도전과 이방원은 유한책임사원입니다. 합자회사의 무한책임사원은 합명회사의 무

74 상법207조.

한책임사원과 동일한 책임을 부담하므로 동일한 권한을 갖게 됩니다. 따라서 무한책임사원 이성계는 새나라건설 합자회사의 대표권을 갖게 됩니다. 정도전과 이방원은 업무감시권(業務監視權)을 갖게 됩니다. 영업연도 말에 영업시간 내에 한하여 회사의 회계장부, 대차대조표 기타의 서류를 열람할 수 있고, 회사의 업무와 재산 상태를 검사할 수 있습니다."[75]

다. 주식회사

"주식회사의 기관을 제3자기관이라고도 합니다. 사원이 아닌 제3자도 기관이 될 수 있다는 것이지요. 주식회사의 기관은 주주총회, 이사회, 대표이사, 감사 또는 감사위원회입니다. 주주가 아니어도 주주총회 이외의 기관의 구성원이 될 수 있습니다.

유비는 의형제인 관우, 장비와 함께 주식회사를 설립할 생각을 하고 계시지요. 삼 형제가 주식회사를 설립하는 경우 유비, 관우, 장비가 주주가 되며 이들을 구성원으로 하는 주주총회가 존재합니다. 주주는 주주총회를 통하여 이사와 감사의 선임, 정관의 변경 기타 회사의 중요사항에 대한 의사결정에 참여합니다.[76] 따라서 주주총회에서 이사와 감사를 선임하게 되지요."

"유비, 제갈공명, 조자룡을 이사로 선임하고, 황충(黃忠)을 감사로 선임할 계획입니다."

"복수의 이사를 생각하고 계시지만, 구상하신 회사의 자본금은 5억 원 미만이기 때문에 이사를 1인만 선임하는 것도 가능합니다."[77]

"3인의 이사를 선임할 생각입니다."

"생각하신 대로라면 이사회는 유비, 제갈공명, 조자룡으로 구성됩니다. 이사회(理事會)는 이

75 상법277조1항.
76 상법361조.
77 상법383조1항.

사들로 구성된 회의체입니다. 이사회에서 주식회사의 업무집행에 관한 의사결정을 하고, 대표이사를 선임하게 됩니다.[78] 당신을 대표이사로 선임하는 것이 좋을 것 같습니다. 대표이사(代表理事) 유비는 업무를 집행하고 회사를 대표하게 됩니다.[79]

감사(監事) 황충은 회사의 직무에 대한 감사(監査)를 하게 되지요."[80]

라. 유한회사

"단군과 웅녀가 각각 1,000만 원을 투자하여 홍익문고 유한회사를 설립하는 경우 단군과 웅녀를 구성원으로 하는 사원총회가 존재하게 됩니다. 사원총회에서 견우(牽牛)를 이사로 선임하며, 직녀(織女)를 감사로 선임할 수 있습니다. 다만 감사는 임의기관(任意機關)이므로 선임하지 않아도 됩니다."

"조금 전에는 기관과 관련하여 유한회사는 주식회사의 축소판이라고 하셨는데, 그것은 어떤 의미인가요?"

"주식회사의 기관은 주주총회, 이사회, 대표이사 및 감사 또는 감사위원회입니다. 그러나 유한회사의 기관은 사원총회, 이사 및 감사이며, 이 중 감사는 임의기관입니다. 따라서 주식회사의 기관이 유한회사보다 많으며, 주식회사의 기관을 줄인 것이 유한회사의 기관이라고 할 수 있습니다. 그런 의미에서 유한회사는 주식회사의 축소판이라고 할 수 있습니다."

78 상법389조, 393조.
79 상법389조.
80 상법412조.

④ 사원의 지위양도

가. 합명회사

"합명회사의 경우 사원의 지위를 양도하기 위해서는 다른 사원 전원의 동의를 얻어야 합니다.[81] 무한책임사원인 관중이 이태백(李太白)에게 사원의 지위를 양도하려고 합니다. 이 경우 다른 사원인 포숙의 동의를 얻어야 합니다."

"관중이 자신의 권리를 양도하는 데 왜 다른 사원의 동의를 얻어야 합니까?"

"만약 관중이 이태백에게 사원의 지위를 양도하면 이태백이 관포지교문예 합명회사의 사원이 되겠지요. 합명회사의 각 사원에게는 원칙적으로 회사대표권이 부여됩니다. 따라서 이태백에게도 회사대표권이 부여되지요. 이태백의 대표행위로 인하여 관포지교문예 합명회사에 손해가 초래되어 채무를 완제할 수 없는 경우 포숙도 그 채무를 변제할 책임이 있습니다. 따라서 포숙이 이태백을 신뢰하여 관중이 이태백에게 사원의 지위를 양도하는 것을 동의하는 경우에만 가능합니다."

나. 합자회사

"이성계가 무한책임사원이고, 정도전과 이방원이 유한책임사원인 경우 이성계가 사원으로서의 지위를 양도하기 위해서는 전사원의 동의를 얻어야 합니다.[82] 따라서 정도전과 이방원의 동의를 얻어야 하지요. 그러나 정도전이 사원으로서의 지위를 양도하기 위해서는 무한책임사원의 동의만 얻으면 됩니다.[83] 따라서 이성계의 동의만 얻으면 됩니다."

81 상법197조.
82 상법269조, 197조.
83 상법276조.

다. 주식회사

"주식회사의 경우는 어떻습니까?"

"주식회사의 경우 여러 가지 이유로 주식의 양도가 제한됩니다. 그러나 원칙적으로는 주식의 양도가 자유롭다고 할 수 있습니다.

촉나라인터넷 주식회사의 주주인 유비, 관우, 장비는 원칙적으로는 자유롭게 주식을 양도할 수 있습니다. 다른 주주의 동의를 받지 아니하고 자유롭게 주식을 양도하면서 그 대가를 받을 수 있습니다. 주주들이 촉나라인터넷 주식회사에 투자한 금액을 손쉽게 회수할 수 있는 방법을 마련해주기 위한 것입니다."

"합명회사 사원이 지위를 양도하는 경우와 비교하면 차이가 상당히 크군요."

"그렇습니다. 말씀드렸던 것처럼 합명회사와 주식회사는 매우 대조적인 회사입니다."

라. 유한회사

"유한회사의 경우 사원의 지위를 양도하기 위해서는 사원총회의 특별결의가 필요합니다.[84] 즉, 총사원의 반수 이상이며 의결권의 4분의 3 이상을 가진 자의 동의가 필요하지요.[85]

단군과 웅녀가 각각 1,000만 원을 투자하여 홍익문고 유한회사를 설립하는 경우 사원은 2명이며 자본금은 2천만 원이 되므로, 사원총회의 특별결의를 위해서는 2명 모두의 동의가 있어야 합니다. 만약 사원이 20명이며 자본액이 4천만 원인 유한회사의 경우라면 사원 10명 이상이며, 3천만 원 이상의 자본액을 소유한 자의 동의가 있어야 합니다."

"합명회사에 비하면 사원의 지위 양도가 용이하지만, 주식회사에 비하면 어렵군요."

84 상법556조.
85 상법558조.

“4가지 회사의 특성에 대하여 말씀드렸습니다. 어떤 회사의 형태가 마음에 드십니까?”

“나름대로 장단점이 있군요. 아무래도 주식회사가 마음에 드는군요. 대규모기업에 적합한 회사의 형태인 주식회사를 설립하고 싶습니다.”

“우리나라 회사 중 대부분이 주식회사의 형태를 취하고 있습니다. 대규모기업은 물론이며 중소규모의 기업도 주식회사의 형태를 취하는 경우가 많습니다.”

❷ 상장법인과 코스닥상장법인

“일간신문을 보면 주식의 시세가 나오는데, 우리 회사 주식의 시세는 나오지 않더군요.”

“일간신문에는 상장법인과 코스닥상장법인의 시세가 나오지요. 상장법인이란 유가증권시장에 상장된 유가증권을 발행한 법인을 말하며, 코스닥상장법인이란 코스닥시장에 상장된 유가증권을 발행한 법인을 말합니다.[86] 코스닥시장이란 유가증권의 매매거래를 위하여 한국증권선물거래소가 개설하는 시장을 말하며, 유가증권시장이란 유가증권의 매매거래를 위하여 한국증권선물거래소가 개설하는 코스닥시장 외의 시장을 말합니다.[87]

상장법인과 코스닥상장법인에 대하여 규율하고 있는 증권거래법과 한국증권선물거래소법 등은 2009년 2월 3일까지만 시행됩니다. 그 이후부터는 자본시장과 금융투자업에 관한 법률에 의하여 규율됩니다. 그러나 2007년 10월 현재에는 증권거래법 등이 유효하므로 여기서는 이러한 법률에 따라서 설명을 드리도록 하겠습니다.”

“유가증권시장이나 코스닥시장은 왜 생긴 것입니까?”

“쉬운 비유를 들어가면서 질문을 하도록 하겠습니다. 어떤 사람이 물건을 만들어 다른 사

86 증권거래법2조.
87 증권거래법2조, 한국증권선물거래소법2조.

람들에게 팔려고 합니다. 그 사람이 자기의 친구나 친척에게만 상품을 판매하는 방법과 시장에서 상품을 판매하는 방법 중 어떤 방법이 보다 많은 물건을 파는 방법입니까?"

"시장에서 상품을 판매하는 방법이겠죠."

"그럼 소비자들의 입장에서는 친구나 친척에게 물건을 사는 방법과 시장에서 물건을 사는 방법 중 어떤 방법이 보다 다양한 물건을 자기의 취향에 맞게 살 수 있는 방법입니까?"

"그것도 마찬가지로 시장에서 물건을 사는 것이겠죠."

"특정한 주식회사가 주위 사람들을 대상으로 자본을 조달하려는 방법과 일반 대중을 대상으로 자본을 조달하려는 방법 중 어떤 방법이 보다 많은 자본을 조달하는 방법일까요?"

"후자의 방법이 보다 많은 자본을 조달하는 방법입니다."

"투자자의 입장에서는 환금성이 적은 주식회사에 투자하는 방법과 환금성이 큰 주식회사에 투자하는 방법 중 어떤 방법이 자기의 형편에 맞게 투자할 수 있는 방법일까요?"

"그야 환금성이 큰 주식에 투자하는 방법이지요."

"지금 이야기한 것을 정리해보면 왜 유가증권시장이나 코스닥시장이 형성되었는지를 알 수 있겠지요.

대규모의 주식회사가 활발하게 활동하기 위해서는 거액의 자본이 필요하며, 주식회사가 거액의 자본을 조달하기 위해서는 많은 사람들이 주식회사에 대하여 투자하여야 합니다. 수시로 주식을 매매하여 투자한 원금을 회수하거나 매매차익을 얻을 수 있는 증권시장이 존재하여야 많은 사람들이 주식에 대한 투자를 하게 되겠죠. 대규모의 주식회사는 거액의 자본을 조달하기를 원하며, 일반인들은 투자이익을 얻기를 원합니다. 대규모 주식회사와 일반인들의 욕구를 충족시키기 위하여 증권시장이 형성·발전되었습니다.

일반적인 주식회사의 주식거래는 통상 거래 자체가 드물며, 이해관계인이 적습니다. 이에 비하여 상장회사와 코스닥상장회사의 주식거래는 일반적인 주식거래에 비해 거래량이 많고, 가격이 계속 변화하며, 이해관계인이 매우 많습니다."

"이에 대한 법률관계는 어떻게 규율하는 것입니까?"

"상장법인과 코스닥상장법인에 대하여는 증권거래법과 한국증권선물거래소법이 우선적으로 적용됩니다. 증권거래법과 한국증권선물거래소법에 해당되는 조문이 없는 경우 상법이 적용됩니다. 한국증권선물거래소는 유가증권시장과 코스닥시장에 상장할 유가증권의 심사를 위하여 유가증권시장 상장규정과 코스닥시장 상장규정을 정하고 있습니다."[88]

"상장법인이나 코스닥상장법인이 아닌 주식회사에 대해서는 적용되는 구체적인 법률이 차이가 있을 수 있겠네요."

"그렇습니다. 증권거래법은 유가증권시장과 코스닥시장의 특성을 감안한 다수의 규정을 두고 있지요. 예를 든다면 상법상 주식(株式)의 양도방법은 주권(株券)의 교부이지만, 상장법인과 코스닥상장법인의 주식거래는 증권예탁결제원에 주권을 예탁하고 주식의 양도 시 주권을 교부하는 대신에 전산으로 거래하는 방식을 취하고 있습니다."

"주권이란 무엇이지요."

"주권(株券)은 주식을 표창하는 유가증권(有價證券), 즉 주주의 권리를 표창하는 유가증권이지요. 주식은 사채와 더불어 증권시장에서 투자자들에 의하여 거래되는 중요한 상품입니다.

88 증권거래법88조.

주식회사가 증권을 발행하는 방법에 의하여 필요한 자금을 조달하는 수단인 점에서 주식과 사채는 동일합니다. 그러나 사채권자(社債權者)는 금전채권을 행사할 수 있는 데 비하여, 주주는 주주권을 행사할 수 있다는 점에서 차이가 있습니다.

관우가 촉나라인터넷 주식회사에 1억 원을 투자하여 1만 주의 주식을 소유하고 있습니다. 따라서 다음과 같은 일백주권(株劵) 100장을 소유하게 됩니다."

촉나라인터넷 주식회사 주권

일백주권

금 일백만 원 정　가 0000201호

주주 관우 귀하

1. 회사의 상호	촉나라인터넷 주식회사
2. 회사의 성립연월일	2005년 2월 2일
3. 회사가 발행할 주식의 총수	십이만 주
4. 1주의 금액	일만 원

본 주권은 당회사 정관에 의한 주식 일백주의 주주임을 증명하기 위하여 위의 기명자에게 교부함.

2005년　2월　2일

촉나라인터넷 주식회사 대표이사 유비 ㊞

"관우는 촉나라인터넷 주식회사에 대하여 이익배당청구권, 의결권 등 주주권을 행사할 수 있으며, 주주권을 양도하여 투자한 원금을 회수할 수 있습니다. 만약 관우가 비상장법인(非上場法人)인 촉나라인터넷 주식회사의 주식을 양도하려고 한다면, 매수인에게 촉나라인터넷 주식회사 주권을 교부하면 됩니다. 두 사람이 만나서 대금을 받고 주권을 교부하게 되겠지요."

"상장법인의 주식을 양도하는 방법은 어떻게 된다구요?"

"촉나라인터넷 주식회사의 사업실적이 매우 좋아 위나라인터넷 주식회사를 합병하고, 통일인터넷 주식회사로 상호(商號)를 변경한 후 상장되었다고 가정해보지요. 통일인터넷 주식회사의 주식이 양도되는 과정을 살펴보지요. 먼저 통일인터넷 주식회사 주권을 증권예탁결제원에 예탁을 하게 됩니다. 그리고 고객의 위탁을 받은 증권회사 간에 주식이 매매됩니다.

예컨대 통일인터넷 주식회사의 주식 100주를 소유한 사람이 동양증권 주식회사에 주식의 매도를 위탁하는 경우 동양증권 주식회사가 매도인이 됩니다. 그리고 통일인터넷 주식회사의 주식 100주를 매수하려는 사람의 위탁을 받은 현대증권 주식회사가 매수인이 됩니다. 이때 주권을 교부해야만 한다면 동양증권 주식회사의 직원이 현대증권 주식회사의 직원을 직접 만나 통일인터넷 주식회사의 주권을 교부하여야 합니다. 증권회사 간에 거래되는 주식의 종류가 다양하고 수량이 매우 많으므로, 양도절차가 매우 번거롭게 되고, 주권을 분실할 염려가 있습니다. 따라서 주권이 분실될 위험을 방지하고, 신속하게 주식을 거래하기 위하여 주권을 예탁하고 거래하는 방식을 취하게 된 것입니다."

(2) 주식회사의 설립

❶ 발기설립과 모집설립

"주식회사를 설립하고 싶은데, 어떤 절차를 거쳐야 합니까?"

"먼저 발기설립을 할 것인지, 모집설립을 할 것인지를 정할 필요가 있습니다."

"발기설립은 무엇이고, 모집설립은 무엇인지요?"

"발기설립(發起設立)의 경우 발기인이 설립 시에 발행하는 주식의 총수를 인수하게 됩니다. 모집설립(募集設立)의 경우 발기인이 설립 시에 발행하는 주식의 일부만을 인수하고 나머지 수량의 주식에 대해서는 주주를 모집하게 됩니다.

주식회사의 설립 시에 3만 주의 주식을 발행한다고 생각해보지요. 발기인 유비, 관우, 장비가 설립 시에 발행하는 주식 3만 주를 모두 인수하는 경우 발기설립이 됩니다.

그러나 발기인 유비, 관우, 장비가 설립 시에 발행하는 주식 3만 주 중 일부만을 인수하고 나머지 주식에 대해서는 별도로 주주를 모집하여 황충과 조자룡이 주주가 되는 경우 모집설립이 됩니다. 모집설립이라는 방법을 택한다면 별도로 주주를 모집하는 절차가 필요하며, 창립총회(創立總會)를 개최하여야 하므로, 발기설립보다 설립절차가 복잡합니다."

❷ 발기인

"그런데 발기인이란 어떤 사람을 이야기하는 것입니까?"

"주식회사를 설립하기 위해서는 설립을 기획하고 설립사무를 담당할 자가 필요합니다. 이러한 사람을 발기인(發起人)이라고 합니다. 발기인으로서 정관에 기명날인 또는 서명을 하여야 합니다.[89] 발기인은 주식회사의 설립사무를 담당하는 자이므로, 부실하게 주식회사가 설립된 경우 그에 대한 책임을 지게 되지요."[90]

❸ 정관

"그럼 정관이란 무엇입니까?"

"정관(定款)이란 회사의 조직과 활동에 관한 기본원칙을 기재한 서면을 말합니다."

"어떤 사항을 기재하여야 하는 것입니까?"

"정관의 기재사항은 절대적 기재사항·상대적 기재사항 및 임의적 기재사항의 세 가지 사항으로 나누어볼 수 있습니다. 이 중 절대적 기재사항에 대해서 살펴보도록 하지요. 절대적 기재사항은 말 그대로 정관에 절대적으로 기재하여야 하는 사항입니다. 만일 이러한 사항 중 일부가 정관에 기재되지 않으면 정관이 무효가 됩니다.

정관에 반드시 기재하여야만 하는 사항은 목적, 상호, 회사가 발행할 주식의 총수, 1주의 금액, 회사의 설립 시에 발행하는 주식의 총수, 본점의 소재지, 회사가 공고하는 방법 및 발기인의 성명, 주민등록번호 및 주소입니다.[91]

다음과 같은 정관의 모델을 살펴보고 의문점이 있으면 질문해 주시지요."

89 상법289조1항.
90 상법321조, 322조 등.
91 상법289조1항.

촉나라인터넷 주식회사 정관

제1조 (회사의 상호)

회사의 상호는 "촉나라인터넷 주식회사"라고 한다.

제2조 (목적)

회사는 다음 사업을 영위함을 목적으로 한다.

1. 삼국지 등을 소재로 한 게임의 개발, CD의 발행
2. 게임 등과 관련된 전자상거래에 관한 기술개발
3. 위 각 사업의 목적을 달성하기 위하여 직접 또는 간접적으로 관련되는 사업 일체

제3조 (발행할 주식의 총수)

회사가 발행할 주식의 총수는 보통주식 한 종류 120,000주로 한다.

제4조 (1주의 금액)

회사가 발행할 모든 주식의 1주의 액면가는 1만 원으로 한다.

제5조 (설립 시에 발행하는 주식의 총수)

설립 시에 발행하는 주식의 총수는 보통주식 30,000주로 한다.

제6조 (본점의 소재지)

회사의 본점은 서울특별시 내에 둔다.

제7조 (공고의 방법)

회사의 공고는 서울특별시 내에서 발행되는 일간중앙일보에 게재한다.

제8조 (발기인)

발기인의 성명, 주민등록번호 및 주소는 다음과 같다.

1. 성명 : 유비 주민등록번호 : 821212-1007777
   주소 : 서울특별시 삼국구 촉나라동 1번지 1호
2. 성명 : 관우 주민등록번호 : 801212-1007778
   주소 : 서울특별시 삼국구 촉나라동 1번지 2호
3. 성명 : 장비 주민등록번호 : 811212-1007779
   주소 : 서울특별시 삼국구 촉나라동 1번지 3호

위와 같이 촉나라인터넷 주식회사를 설립하기 위하여 이 정관을 작성하고 발기인 전원이 기명날인한다.

서기 2005년 1월 5일

발기인 1. 유비 ㊞ 발기인 2. 관우 ㊞ 발기인 3. 장비 ㊞

"촉나라인터넷 주식회사! 보면 볼수록 멋있는 상호이군요."

"회사의 상호는 회사를 표시하는 명칭입니다. 주식회사의 상호에는 주식회사라는 문자를 사용하여야 합니다."[92]

"우리 회사의 자본금은 얼마가 되는 겁니까?"

"설립 시에 발행하는 주식총수에 1주의 액면금액을 곱하여 산출된 금액이 회사 설립 시의

92 상법19조.

자본입니다.

촉나라인터넷 주식회사가 액면 1만 원인 주식 3만 주를 발행하게 되므로, 회사의 자본은 3억 원이 됩니다."

"발행할 주식의 총수는 12만 주인데 설립 시에 3만 주를 발행하면 9만 주가 남습니다. 그 주식은 어떻게 되는 것입니까?"

"9만 주의 범위 내에서 이사회가 신주(新株)의 발행 시기를 결정하게 됩니다."

"본점 소재지의 의미는 무엇입니까?"

"본점 소재지란 전 영업을 통괄하는 주된 영업소의 소재지를 의미합니다.[93] 본점 소재지는 회사의 주소가 되어 등기와 각종 회사법상의 소에 있어서 관할의 기준이 되며 주주총회의 소집지를 정하는 기준이 됩니다."[94]

"공고하는 방법을 정해 놓으셨네요."

"주식회사가 공고를 하는 경우가 있습니다.[95] 상법에서는 회사가 공고를 하는 방법을 정관에 기재하도록 요구하고 있답니다. 주주와 회사채권자 등 이해관계인이 공시사항을 손쉽게 인식할 수 있도록 하기 위한 것입니다.

회사의 공고는 관보 또는 시사에 관한 사항을 게재하는 일간신문에 하여야 하므로,[96] 일간신문 중 중앙일보를 선정하였습니다."

"발기인에 관한 사항이 정관에 구체적으로 기재되어 있군요."

"정관에는 발기인의 성명, 주민등록번호 및 주소가 기재되어야 합니다. 누가 발기인인가를 명백히 하기 위한 것입니다.

93 상법171조2항.
94 상법364조.
95 상법354조, 363조, 419조.
96 상법289조3항.

정관에 발기인들이 각각 기명날인 또는 서명한 후 공증인(公證人)의 인증을 받으면 정관으로서의 법적 효력이 인정됩니다."[97]

❹ 회사의 실체구성

① 개요

"정관 작성 이후의 절차를 말씀드리도록 하지요. 발기설립과 모집설립 중 어떤 설립방법을 선택하시겠습니까?"

"발기설립이 간편해서 좋겠습니다."

"발기설립의 경우에는 정관의 작성 이후 발기인의 주식인수, 출자의 이행 및 이사와 감사의 선임 등의 순서로 진행됩니다.

각 발기인은 회사의 설립 시에 발행하는 주식의 전부를 서면에 의하여 인수하여야 합니다.[98] 따라서 촉나라인터넷 주식회사의 설립 시에 발행하는 주식 전부인 보통주식 3만 주를 발기인 유비가 1만 주를 1억 원에, 관우와 장비도 각각 1만 주씩 1억 원에 인수한다는 의사를 서면(書面)으로 하여야 합니다.

발기인이 회사의 설립 시에 발행하는 주식의 총수를 인수한 때에는 납입을 맡을 은행, 기타 금융기관과 납입장소를 정하고 지체 없이 그 인수가액의 전액을 납입하여야 합니다. 주식을 인수한 후 납입을 할 금융기관으로서 삼국지 은행(三國志 銀行) 삼국동 지점(三國洞 支店)을 정하게 된다면 그곳에 주식인수대금 3억 원이 납입되어야 합니다.

대금 납입이 완료되면 발기인들이 의결권의 과반수로 이사와 감사를 선임하게 됩니다. 인

97 상법292조.
98 상법293조.

수주식 1주에 대하여 1개의 의결권이 인정됩니다.[99] 지난 번 말씀하신 것과 동일하게 생각하면 발기인 유비, 관우, 장비의 의결권의 과반수로 제갈공명, 조자룡, 유비를 이사로, 황충을 감사로 선임할 수 있습니다. 발기인은 발기인회 의사록(發起人會 議事錄)을 작성하여 의사의 경과와 결과를 기재하고, 기명날인 또는 서명하여야 합니다.[100] 이사회에서는 대표이사로 당신을 선임하게 되겠지요.

이사와 감사는 취임 후 지체 없이 회사의 설립에 관한 모든 사항이 법령 또는 정관의 규정에 위반되는지를 조사하여 발기인에게 보고하여야 합니다."[101]

② 가장납입

"주식회사를 설립하기 위해서는 5천만 원 이상의 자금이 필요한데,[102] 주금납입을 가장하는 경우를 볼 수 있습니다. 견금(見金)이라고 불리는 가장납입(假裝納入)이 현실적으로 일어나는 경우가 있습니다. 견금이란 납입금의 보관은행 이외의 제3자로부터 금전을 차입하여 납입금을 내고 설립등기를 마친 후 납입금의 보관은행으로부터 인출하여 차입금을 변제하는 것을 말합니다."

"전에 손권, 조조와 함께 삼국인터넷 주식회사를 설립한 적이 있었습니다. 그때 발기인 조조는 사채업자로부터 돈을 빌려 그 돈을 납입하였습니다."

"발기인 조조가 사채업자 고리대(高利貸)로부터 6천만 원을 빌려 그 돈을 삼국지 은행 삼국동지점에 납입하여 납입금보관증명서(納入金保管證明書)를 발급받아 삼국인터넷 주식회사의 설립등기를 마친 후 그 돈을 은행으로부터 인출하여 사채업자에게 변제하였던 것을 말씀하시는군요."

99 상법296조.
100 상법297조.
101 상법298조1항.
102 상법329조1항.

발기인 조조의 가장납입

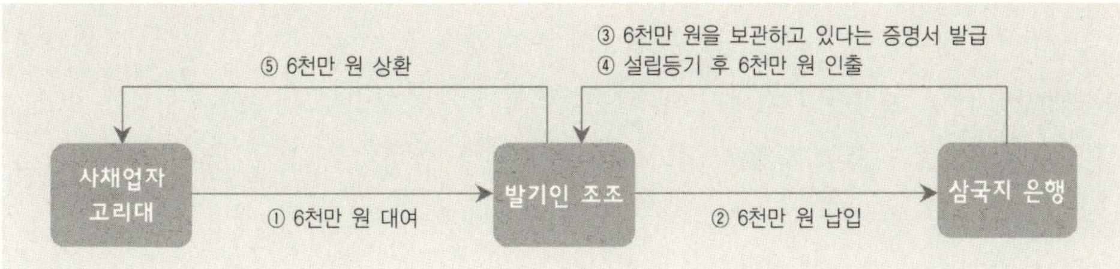

"저와 손권은 삼국인터넷 주식회사에 각각 2천만 원을 투자하였지만, 조조는 사채업자에게 6천만 원을 빌리고 그에 대한 이자를 지급하였을 뿐 삼국인터넷 주식회사에 전혀 투자하지 않았습니다.

저와 손권은 실질적인 납입을 하였지만, 조조는 납입을 가장하였던 것이지요."

"발기인이 납입을 가장하는 행위를 한 경우 납입가장죄[103] 등 형사책임을 지게 됩니다.

그러나 대법원에 따르면 가장납입에 의하여 회사를 설립하는 경우에도 주금납입은 유효하며, 가장납입을 한 주주라 하더라도 주주권을 행사할 수 있으며, 회사가 그 주주에 대하여 주금의 상환을 청구할 수 있으며, 발기인들이 회사에 대하여 손해배상책임을 진다고 합니다."[104]

"조조는 처음에는 회사경영에는 관여하지 않았지만, 삼국인터넷 주식회사의 사업이 성공한 것을 보고 주주권을 행사하려고 하였습니다. 저와 손권은 말도 안 된다고 하였지요."

"그러나 대법원에 따르면 조조의 주금납입은 유효하므로 가장납입을 한 주주인 조조라 하

103 상법628조.
104 대법원 1994. 3. 28. 선고 93마1916 판결, 대법원 1985. 1. 29. 선고 84다카1823 판결, 대법원 1989. 9. 12. 선고 89누916 판결 등.

더라도 삼국인터넷 주식회사에 대하여 주주권을 행사할 수 있으며, 발기인 조조는 삼국인터넷 주식회사에 대하여 손해배상책임을 부담하게 됩니다.

가장납입도 납입 자체는 유효하다고 하므로 조조는 삼국인터넷 주식회사에 대하여 60%의 영향력을, 유비와 손권은 각각 20%의 영향력을 행사할 수 있습니다. 즉 가장납입도 납입 자체는 유효하다고 보는 경우 조조의 가장납입금액이 자본의 과반수에 해당되므로, 조조는 출자 없이 지배주주의 지위를 획득하게 되는 것이지요."

"가장납입한 주주가 주주권을 행사하는 것이 타당합니까?"

"많은 학자들은 견금에 의한 가장납입은 무효라고 합니다.

금전을 차입하여 납입금을 내고 설립등기를 마친 후 납입금 보관은행으로부터 인출하여 차입금을 변제하는 경우 형식적으로는 금전의 이동에 의한 현실적인 납입이 있는 것이지만, 실질적으로는 도저히 납입한 것으로 볼 수 없으므로 납입으로서의 효력이 없다고 합니다. 즉, 형식적으로 본다면 주금이 납입되어 출자가 이행되었지만, 실질적으로 본다면 자본충실(資本充實)을 기하려는 법의 취지에 반하므로, 유효한 납입이 아니라고 합니다.

삼국인터넷 주식회사에 전혀 투자하지 않은 조조가 삼국인터넷 주식회사에 대하여 실질적으로 투자한 당신과 손권보다 큰 권리를 행사할 수 있다는 것은 모순이지요. 따라서 조조의 가장납입 자체가 유효하지 않다고 보는 것이 타당합니다."

❺ 설립등기

"회사는 본점 소재지에서 설립등기를 함으로써 법인으로서 성립하게 됩니다.[105] 회사와 이

105 상법172조.

해관계를 갖게 될 많은 사람들에게 회사 조직과 활동에 관한 중요한 사항을 공시하기 위한 것입니다.

발기설립의 경우 이사와 감사의 조사보고가 종료한 날로부터 2주간 내에 설립등기를 하여야 합니다.[106] ① 정관, ② 주식의 인수를 증명하는 서면, ③ 이사와 감사의 조사보고서, ④ 발기인이 이사와 감사를 선임한 때에는 그에 관한 서면, ⑤ 이사·대표이사와 감사의 취임승낙을 증명하는 서면, ⑥ 주금의 납입을 맡은 은행 기타 금융기관의 납입금보관에 관한 증명서 등 다양한 서류를 첨부하여 설립등기를 신청하여야 합니다.[107]

등기하여야 할 사항은 ① 회사의 목적, 상호, 발행예정주식총수, 1주의 금액, 회사의 공시방법, ② 자본의 총액, ③ 발행주식총수 및 각종 주식의 내용과 수, ④ 본점과 지점의 소재지, ⑤ 이사와 감사의 성명과 주민등록번호, ⑥ 대표이사의 성명, 주민등록번호 및 주소 등입니다."[108]

"정관에 기재해야만 할 사항이 아닌 이사, 감사 및 대표이사에 관한 사항도 등기하도록 되어 있군요."

"그렇습니다. 상법에 따르면 정관 작성, 주식인수, 주금납입 및 이사와 감사의 선임 등의 순서로 회사 설립이 진행됩니다. 따라서 정관을 작성할 때에는 누가 이사, 감사 또는 대표이사인지를 확정할 수 없습니다.

그러나 누가 이사, 감사 또는 대표이사인지는 회사와 거래하려는 사람에게는 중요한 사항이 될 수 있습니다. 그래서 이러한 사항에 대해서는 상업등기부에 등기하도록 되어 있는 것입니다."

106 상법317조1항.
107 비송사건절차법203조.
108 상법317조2항.

(3) 회사의 개념에 대한 검토

"법적으로 회사란 상행위 기타 영리를 목적으로 하는 사단법인을 말합니다.[109] 즉, 회사는 사단성(社團性), 법인성(法人性) 및 영리성(營利性)을 갖게 되지요. 이처럼 회사는 사단성과 법인성을 갖지만, 예외적인 경우도 존재합니다. 1인회사가 인정되며, 법인격부인론이 적용되는 경우도 있습니다."

❶ 1인회사

"1인회사가 무엇인가요?"

"1인회사(1人會社)란 사원의 수가 1인인 회사를 의미하는 바, 주식회사의 경우 발행한 주식의 전부를 1인의 주주가 소유한 회사를 말합니다. 유비, 관우, 장비가 촉나라인터넷 주식회사를 설립하여 운영하다가 자신들이 소유한 주식 모두를 유선(劉禪)에게 양도하였다고 가정해보지요. 촉나라인터넷 주식회사가 발행한 주식의 전부를 유선이 소유한 회사를 1인회사라고 합니다."

"내 아들 유선이 혼자서 촉나라인터넷 주식회사의 주식 모두를 소유하게 된다면 1인회사가 되는군요."

"2001년 상법을 개정하면서 1인에 의한 주식회사의 설립이 가능하게 되었습니다. 그러나 상법에는 1인회사의 운영에 관한 구체적인 규정을 두고 있지 않습니다. 따라서 상법전의 규정을 그대로 1인회사에 대하여도 적용하여야 하느냐는 문제가 제기됩니다. 왜냐하면 상법전(商法典) 규정의 대부분은 회사의 구성원이 복수라는 것을 전제로 한 것이기 때문이지요.

109 상법169조, 171조1항.

예컨대 주주총회를 소집함에는 총회일(總會日)을 정하여 2주간 전에 각 주주에 대하여 서면으로 통지를 발송하여야 하는데,[110] 통지를 하지 않은 경우 유효한 주주총회가 되느냐는 문제가 있습니다. 촉나라인터넷 주식회사가 발행한 주식의 전부를 유선이 소유한 회사인 1인회사의 경우에도, 소집통지에 관한 규정을 그대로 적용한다면 주주총회를 소집하기 위해서는 총회일을 정하여 2주간 전에 유선에게 서면으로 통지를 발송하여야 합니다. 만약 총회일을 정하여 2주간 전에 유선에게 서면으로 통지를 발송하지 않고 유선의 동의를 얻어 주주총회를 개최한 경우 유효한 주주총회가 될까요? 백 명의 주주가 존재하는 회사와 1인회사를 동일하게 취급해야 할까요?

"……."

"이러한 질문에 대하여 대법관들은 1인주주의 승인이 있으면 통지 또는 공고를 결여한 1인주주총회도 유효하다고 합니다.[111] 총회일을 정하여 2주간 전에 유선에게 서면으로 통지를 발송하지 않고 유선의 동의를 얻어 주주총회를 개최한 경우에도 적법한 주주총회가 된다는 것입니다."

"왜 그런 것인가요?"

"주주총회의 소집절차는 주주인 유선에게 주주총회의 안건에 대하여 신중하게 검토할 시간적인 여유를 주기 위한 것입니다. 주주총회의 소집절차는 주주의 이익을 보호하기 위한 것이므로, 주주인 유선이 자신의 이익을 스스로 포기하는 것은 가능하다는 것입니다.

1인회사에 관한 다른 질문을 해보지요. 1인회사의 주주가 자의적으로 회사재산을 자신의 개인적인 용도로 유용하는 경우에는 어떻게 될까요? 만약 위나라인터넷 주식회사의 주주 조

110 상법363조1항.
111 대법원 1966. 9. 20. 선고 66다1187, 1188 판결.

조가 법이 정한 절차를 따르지 아니하고 위나라인터넷 주식회사가 소유하는 5천만 원을 자신의 개인적인 용도로 써버린 경우에는 어떻게 될까요?"

"그 경우에도 죄가 됩니까?"

"그렇습니다. 대법원에 따르면 사실상 1인회사에 있어서도 회사와 주주는 분명히 별개의 인격체이어서 1인회사의 재산이 곧바로 그 1인주주의 소유라고 볼 수 없습니다. 따라서 조조가 사실상 1인주주라 하더라도 위나라인터넷 주식회사의 재산을 임의로 처분하는 경우 횡령죄(橫領罪)에 해당된다고 합니다."[112]

"왜 죄가 되는지 잘 이해가 안 됩니다."

"주식회사가 보유하는 재산은 주주는 물론 회사채권자들을 보호하기 위한 것입니다. 조조와 위나라인터넷 주식회사는 별개의 인격체입니다. 법이 정한 절차에 따라 조조에게 이익배당을 하는 경우 등을 제외하고는 위나라인터넷 주식회사의 재산은 회사의 채권자들을 보호하기 위하여 위나라인터넷 주식회사가 보유하고 있어야 합니다.

가령 손권(孫權)이란 사람이 위나라인터넷 주식회사에 외상으로 물건을 납품하여 대금 채권 5천만 원을 갖고 있다고 하지요. 손권은 위나라인터넷 주식회사로부터 5천만 원을 지급받을 권리가 있지만, 위나라인터넷 주식회사가 보유하는 재산이 없다면 변제받을 수 없게 됩니다.

만약 조조가 위나라인터넷 주식회사가 소유하는 5천만 원을 자신의 유흥비로 써버린 경우라면 조조의 횡령으로 인하여 손권은 자신의 채권을 위나라인터넷 주식회사로부터 변제받을 수 없게 됩니다. 채권자인 손권을 보호하기 위하여 위나라인터넷 주식회사가 재산을 보유하

112 대법원 1989. 5. 23. 선고 89도570 판결.

고 있어야 합니다. 그래서 위나라인터넷 주식회사가 소유하는 5천만 원을 개인적인 용도로 써버린 조조의 행위는 횡령죄에 해당됩니다."

❷ 법인격부인론

"법인격부인론이란 것은 무엇입니까?"

"한번 맞추어보시지요."

"법인격부인론(法人格婦人論)이란 법(法)적으로 부인(婦人)에게도 인격(人格)이 있다는 이론(理論)인 것 같군요."

"재미있는 말이군요. 그러나 여기서는 결혼한 여자인 부인(婦人)이 아니라 부정한다는 의미에서의 부인(否認)을 의미합니다. 따라서 법인격부인론(法人格否認論)이란 회사의 법인격(法人格)을 부인(否認)하는 이론(理論)을 말합니다."

"법인격부인론이란 단순히 이론적인 이야기인가요?"

"그렇지는 않습니다. 2001년 대법원은 회사가 외형상으로는 법인의 형식을 갖추고 있으나, 그 실질에 있어서는 완전히 그 법인격의 배후에 있는 자의 개인기업에 불과한 경우 배후자의 책임을 부정하는 것은 신의성실의 원칙에 위반되는 법인격의 남용이라고 판단하였습니다. 따라서 배후자에게 회사의 행위에 관한 책임을 물을 수 있다고 판결하였습니다."[113]

"구체적으로 어떤 사례였습니까?"

"김선달이 대동강건설 주식회사(大同江建設 株式會社)를 이용하여 분양사업을 하였습니다. 대동강건설 주식회사는 입주하려는 사람들과 오피스텔의 분양계약을 체결하였으며 계약금과

113 대법원 2001. 1. 19. 선고 97다21604 판결.

중도금을 받았답니다. 그러나 건물의 공사가 중단되어 사람들이 그 대금의 반환을 대동강건설 주식회사에 대하여 청구하였으나, 이 회사에 자력이 없어 대금을 반환받지 못하였습니다. 사람들은 대주주 김선달을 상대로 하여 대금의 반환을 청구하는 소송을 제기하였습니다."

"대주주라 하여도 유한책임(有限責任)을 부담하는 것으로 알고 있는데, 도대체 어떤 상황이었는지 궁금하군요."

"김선달이 대동강건설 주식회사 주식의 대부분을 소유하고 있었고, 주주총회나 이사회의 결의에 관한 법적 절차가 지켜지지 아니한 채 김선달 개인의 의사대로 회사를 운영하여 왔으며, 대동강건설 주식회사가 분양자들로부터 지급받은 분양대금을 이용하여 김선달 자신의 명의로 대지를 소유하는 등 대동강건설 주식회사의 재산과 김선달 개인 재산이 제대로 구분되어 있지 않았습니다.

대법원은 대주주 김선달이 대동강건설 주식회사를 완전히 지배하고, 대동강건설 주식회사의 사업은 실질적으로 김선달의 개인사업에 불과하므로, 대동강건설 주식회사와 분양계약을 체결한 자들과의 문제된 법률관계에 대해서 김선달에게 책임을 추궁할 수 있다고 판결하였습니다. 법률적인 형식으로는 대동강건설 주식회사는 법인으로서 주주인 김선달과는 별개의 법인격을 갖고 있지만, 실질적으로는 김선달의 개인기업에 불과하므로 분양계약자들이 대동강건설 주식회사를 실질적으로 지배해온 김선달에게 매매대금의 반환을 청구할 수 있다는 것입니다.

다음과 같은 표로서 살펴보시지요."

대동강건설 주식회사의 법인격이 부인된 예

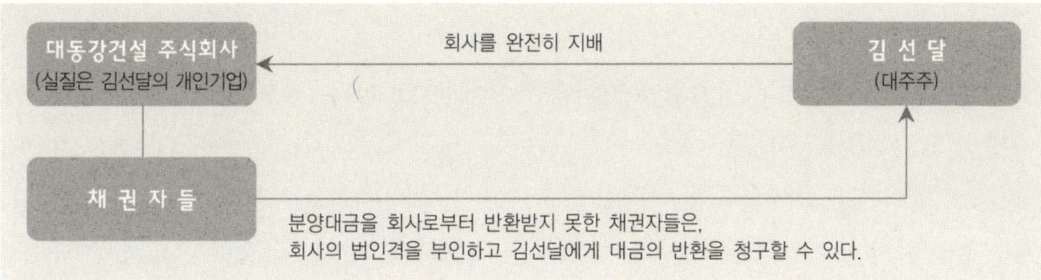

"만약 김선달이 법이 정한 절차에 따라 대주주의 권리를 행사하였다면 어떻게 되었을까요?"

"김선달이 법정 절차에 따라 대동강건설 주식회사를 운영하여 김선달 개인의 재산과 대동강건설 주식회사의 재산을 명확히 구별하였다면, 주주로서 대동강건설 주식회사에 투자한 금액만 손해를 당하게 되고 나머지 김선달의 재산은 안전하게 보호되었겠지요."

(4) 목적에 의한 회사의 권리능력의 제한

활빈극장(活貧劇場) 주인 허균(許均)이 와서 하소연을 합니다.

"홍길동(洪吉童)과 활빈극장의 위탁경영에 관한 계약을 체결하고, 청해진건설 주식회사(淸海鎭建設 株式會社) 대표이사 장보고(張保皐)가 그 회사를 대표하여 홍길동의 위탁경영으로 인한 손해배상의무를 연대보증하였는데, 홍길동은 도망가고, 청해진건설 주식회사는 보증책임을 이행하지 않습니다."

"자세하게 이야기해 보시지요."

"저와 홍길동은 극장의 위탁경영에 관한 계약을 체결하였습니다. 홍길동이 활빈극장을 빌려서 경영하여 손님들로부터 관람료를 받기로 하고, 홍길동이 주인인 저에게 극장의 임차료를 지급함과 더불어 전기료, 세금 등 극장경영에 따른 일체의 비용을 부담하기로 한 것입니다. 만약 홍길동이 임차료 지급의무와 비용부담의무를 이행하지 못하여 극장주인 제가 손해를 당하는 경우 일체의 손해에 대하여 홍길동이 배상하기로 하였지요. 전 확실하게 하자는 생각에서 홍길동에게 보증인을 요구하였습니다. 그래서 청해진건설 주식회사의 대표이사 장보고가 그 회사를 대표하여 홍길동의 극장위탁경영으로 인한 손해배상의무를 연대보증하였습니다."

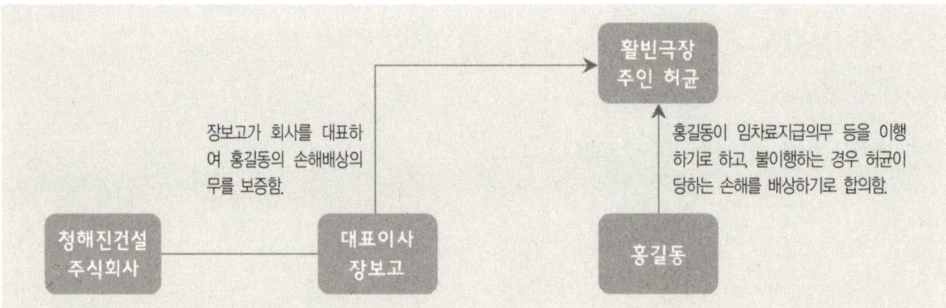

"그 후 홍길동이 극장을 경영하다가 파리를 날리게 되자 홍길동은 해외로 도망을 갔습니

다. 손해를 당한 제가 청해진건설 주식회사에 대하여 손해의 배상을 청구하였지요. 그러나 그 회사는 보증이 무효이기 때문에 배상할 수 없다고 합니다.

그래서 당신네 대표이사가 보증을 했는데 왜 무효냐고 따지니까, 우리 회사의 정관상 목적이 건축업과 토목업이며, 이러한 목적을 달성하기 위하여 필요한 행위도 정관상 목적에 포함되어 있지만, 극장업과 관련하여 보증하는 행위는 정관상 목적에 포함되어 있지 아니하므로, 무효라고 합니다.

그래서 제가 청해진건설 주식회사의 정관을 하나 가져왔으니까 보시고, 어떻게 하면 좋을지 말씀해주시면 좋겠습니다."

청해진건설 주식회사 정관

제1조 (회사의 상호)

회사의 상호는 "청해진건설 주식회사"라고 한다.

제2조 (목적)

회사는 다음 사업을 영위함을 목적으로 한다.

1. 건축업
2. 토목업
3. 위 사업의 목적을 달성하기 위하여 직접 또는 간접적으로 관련되는 사업 일체

·
·
·

"과거의 대법원 판결의 사안과 매우 유사하군요. 학설상으로는 논란이 있는 문제이지만, 당시의 대법원 판결의 법리(法理)에 따르면 연대보증은 청해진건설 주식회사의 목적 외의 행위로서 무효가 됩니다."[114]

"학자들은 어떻게 이야기하고 있습니까?"

"민법 제34조는 '법인은 법률의 규정에 좇아 정관으로 정한 목적의 범위 내에서 권리와 의무의 주체가 된다'고 규정하고 있습니다. 상법에는 이러한 규정이 없으므로, 회사가 정관으로 정한 목적의 범위 내에서 권리와 의무의 주체가 되느냐에 관하여 학설의 대립이 있습니다.

회사의 권리능력은 정관상 목적에 의해 제한된다는 제한설(制限說)과 회사의 권리능력은 목적에 의해 제한되지 않는다는 무제한설(無制限說)이 있지요. 제한설에 따르면 회사의 권리능력은 정관상 목적에 의해 제한되지만, 범위를 넓게 해석하여 정관상 목적을 달성하기 위하여 필요한 행위도 정관상 목적에 포함합니다. 정관상 목적에 의하여 회사의 권리능력이 제한된다면 회사의 목적 외의 행위는 무효이지만, 회사의 권리능력이 제한되지 않는다면 회사의 목적 외의 행위도 유효할 수가 있습니다."

"그러면 대법원 판결은 타당한가요?"

"차분하게 생각해보지요. 청해진건설 주식회사의 대표이사가 회사의 직무와는 무관하지만 개인적으로 친한 친구인 홍길동을 위하여 보증을 하는 경우와 홍길동이 여러 차례 청해진건설 주식회사를 위하여 보증을 해주었기 때문에 홍길동을 위하여 보증을 하는 경우로 나누어 생각해보지요.

청해진건설 주식회사의 대표이사가 개인적으로 친한 친구인 홍길동을 위하여 보증을 하는

114 대법원 1975. 12. 23. 선고 75다1479 판결.

경우라면 회사의 정관상 목적을 달성하기 위하여 필요한 행위는 아닙니다. 홍길동이 여러 차례 청해진건설 주식회사를 위하여 보증을 해주었기 때문에 대표이사가 회사를 대표하여 홍길동을 위하여 보증을 해주었다면 이러한 보증은 청해진건설 주식회사의 정관상 목적을 달성하기 위하여 필요한 행위일까요?"

"그럴 것 같습니다."

"정관상의 목적에 해당된다고 대법관들과 많은 학자들이 인정하는 행위를 생각해보지요. 청해진건설 주식회사의 정관상 목적은 건축업과 토목업이며, 이러한 목적을 달성하기 위하여 필요한 행위입니다. 회사가 필요로 하는 자금의 조달은 회사의 정관상 목적인 건축업과 토목업을 수행하기 위하여 필요한 행위입니다. 대표이사가 회사가 필요한 자금을 은행으로부터 빌리는 것은 회사의 정관상 목적을 수행하기 위하여 필요한 행위입니다. 회사가 필요한 사업자금을 은행에서 빌리기 위하여 보증인이 필요했을 때 홍길동이 여러 차례 보증을 해주었다고 가정해보지요. 홍길동은 회사의 정관상 목적인 건축업을 수행하는 데 큰 도움을 준 것입니다.

홍길동이 보증인을 필요로 했을 때 대표이사가 회사의 명의로 홍길동의 보증을 해주었습니다. 대표이사가 회사의 명의로 홍길동의 보증을 해주는 것은 회사가 보증인을 필요로 할 경우 홍길동의 도움을 받을 수 있게 될 것이라고 판단하였기 때문입니다. 즉, 나중에 회사가 필요로 하는 자금을 빌리려고 할 때 홍길동의 도움을 쉽게 받을 수 있을 것이라고 판단한 것입니다. 그러하다면 회사가 홍길동에 대하여 보증을 해주는 것은 청해진건설 주식회사의 정관상 목적을 달성하기 위하여 필요한 행위라고 할 수 있습니다.

청해진건설 주식회사의 대표이사가 그 회사를 대표하여 홍길동의 손해배상의무를 연대보증하였을 때 당신은 이러한 보증행위가 청해진건설 주식회사의 능력범위에 포함되느냐를 판단할 수 있었습니까?"

"전혀 생각해보지 않았습니다."

"청해진건설 주식회사의 권리능력이 제한된다면 구체적인 회사의 행위가 청해진건설 주식회사의 능력범위에 포함되느냐를 판단하기가 용이하지 않아 상거래의 안전을 보호하기 어렵게 됩니다. 따라서 이러한 연대보증을 유효하다고 하는 것이 타당하다고 생각합니다.

다만 청해진건설 주식회사의 대표이사 장보고가 회사의 직무와는 무관하지만 개인적으로 친한 친구인 홍길동을 위하여 회사를 대표하여 보증을 하는 것을 보증계약체결 당시에 당신이 알고 있었다면 그 경우의 보증은 무효라고 하는 것이 타당하겠지요."

(5) 주식평등의 원칙

❶ 의의

"어떤 사람이 주식도 평등하다고 말하더군요. 인간이 평등하다는 이야기는 여러 번 들어 보았지만, 주식이 평등하다는 이야기는 처음 들어 보았습니다. 그게 무슨 이야기인가요?"

"주식회사의 주주는 회사에 대하여 소유한 주식의 수에 비례하여 평등하게 권리를 행사할 수 있습니다. 이 원칙을 주식평등(株式平等)의 원칙 또는 주주평등의 원칙이라고 합니다.

한겨레화학공업 주식회사의 주주는 96만 주를 소유한 대주주 김유신(金庾信)과 2만 주를 소유한 주주 계백(階伯) 및 2만 주를 소유한 주주 연개소문(淵蓋蘇文)입니다. 김유신은 96억 원을 투자하였고, 계백은 2억 원을 투자하였으며, 연개소문도 2억 원을 투자하였습니다. 이 회사가 도산하는 경우 김유신은 96억 원의 손해를 당하게 되며, 계백과 연개소문은 각각 2억 원의 손해를 당하게 됩니다. 주주의 투자금액과 손해는 각자가 소유한 주식 수에 비례하므로, 주주가 누리는 권리 역시 주식 수에 비례하는 것이 공정합니다. 따라서 김유신이 계백보다 회사에 대하여 48배의 권리를 행사할 수 있습니다. 대주주 김유신은 주주총회에서 다수결로 한겨레화학공업 주식회사의 중요한 의사를 결정할 수 있습니다.

계백과 연개소문의 위험부담은 김유신보다 적지만, 위험을 부담하는 것 자체는 동일하지요. 회사가 도산하는 경우 김유신, 계백, 연개소문 모두 손해를 당하게 되는 것입니다. 위험을 부담하는 것 자체는 동일하므로 대주주 김유신이 자의적으로 계백이나 연개소문의 권리를 침해할 수 없습니다. 따라서 다수결에 의하여 결정되는 주식회사의 중요한 의사결정 시에도 다수결의 원칙을 남용하여 대주주 김유신이 계백과 연개소문의 비례적 권리를 침해할 수 없습니다.

한마디로 주식평등의 원칙은 주주총회의 다수결원칙을 인정함과 더불어 주주총회의 다수결원칙의 남용을 규제하게 되는 것입니다."

❷ 적용범위

"주식평등의 원칙은 주식의 귀속자인 주주에게 인정되는 것으로 주주인 자격에서 갖는 법률관계에만 적용됩니다. 주식평등의 원칙의 구체적인 예로서는, 의결권을 1주마다 1개로 하며,[115] 이익배당은 각 주주가 가진 주식 수에 따라 지급하며,[116] 잔여재산은 각 주주가 가진

115 상법369조1항.
116 상법464조본문.

주식 수에 따라 주주에게 분배되어야 한다는 것[117]을 들 수 있습니다.

김유신이 96만 개의 의결권을 행사한다면 계백과 연개소문은 각각 2만 개의 의결권을 행사하여야 하며, 김유신이 9,600만 원의 이익배당을 받는다면, 계백과 연개소문은 각각 200만 원의 이익배당을 받아야 하며, 김유신이 96억 원의 잔여재산을 분배받는 경우 계백과 연개소문은 각각 2억 원의 잔여재산을 분배받습니다. 김유신이 자신이 대주주임을 이용하여 주주총회에서 자신만 이익을 배당받고, 계백과 연개소문의 이익배당을 무시하는 결의를 하는 것은 허용되지 않습니다."

❸ 예외

"주식평등의 원칙이 적용되지 아니하는 경우도 있습니다. 예를 들어 감사의 선임결의에 있어서 발행주식총수의 100분의 3을 초과하는 수의 주식을 가진 주주는 그 초과하는 주식의 의결권을 행사하지 못합니다.[118] 감사선임의 경우 대주주 김유신의 영향력을 약화시켜 감사(監査)의 객관성을 확보하기 위한 것입니다. 감사를 선임하는 경우 김유신은 96만 주를 소유하고 있지만, 3만 개의 의결권만을 행사할 수 있습니다. 그러나 계백과 연개소문은 소유한 주식 전부에 대하여 의결권을 행사할 수 있으므로 각각 2만 개의 의결권을 행사할 수 있습니다. 이와 같이 상법에 명문규정이 있는 경우 주식평등원칙의 예외가 인정됩니다.

당해주주의 동의가 있는 경우에도 예외가 인정됩니다. 이러한 예로서는 계백과 연개소문은 이익배당을 받지만, 김유신은 이익배당을 받지 아니한다는 주주총회의 결의에 대하여 김유신이 동의하는 경우를 들 수 있습니다."

117 상법538조본문.
118 상법409조2항.

(6) 주식양도의 제한

❶ 서설

"주주는 소유한 주식을 자유롭게 타인에게 양도할 수 있다고 하는군요."

"그렇습니다. 주식회사의 주주는 주식을 자유롭게 양도함으로써 투자한 자금을 회수할 수 있습니다. 장비가 1억 원을 투자하여 촉나라인터넷 주식회사의 주식 1만 주를 소유하고 있지요. 장비가 현금이 필요한 경우 다른 사람에게 1만 주의 주식을 양도하고 그 대가로 현금을 지급받을 수 있습니다."

"현재 우리 촉나라인터넷 주식회사의 주주들은 서로 신뢰하고 있어 원만하게 회사가 운영되고 있습니다. 다른 사람이 주주가 되는 것을 막을 방법은 없을까요?"

"주주는 원칙적으로 소유한 주식을 자유롭게 타인에게 양도할 수 있지만, 법령(法令) 또는 정관(定款)에 의하여 주식의 양도가 제한됩니다. 정관에 의한 주식양도의 제한은 주주들의 자치적인 의사에 의하여 주식의 양도를 제한하는 것이며, 법령에 의한 주식양도의 제한은 주주들의 자치적인 의사와 무관하게 법령에 의하여 주식의 양도를 제한하는 것입니다."

❷ 정관에 의한 주식양도의 제한

"주주들의 자치적인 의사에 의하여 정관에 주식의 양도를 제한하는 규정을 둘 수 있습니다. 기존주주 이외의 자가 회사의 운영에 관여하는 것을 방지하기 위하여 정관에 주식의

양도를 제한하는 규정을 두는 것이지요. 이사회의 승인을 얻은 후 주식을 양도할 수 있습니다.[119]

촉나라인터넷 주식회사는 다음과 같은 방식으로 정관에 의하여 주식의 양도를 제한할 수 있습니다."

주식의 양도를 제한하고 있는 촉나라인터넷 주식회사 정관

> **촉나라인터넷 주식회사 정관**
>
> ⋮
>
> 제8조 (주식양도의 제한)
> 소유한 주식을 양도하려는 경우 이사회의 승인을 얻어야 한다.
>
> ⋮

"이러한 규정을 정관에 두게 된다면 장비가 급히 현금이 필요하여 주식을 조조에게 양도하려는 경우 이사회의 승인을 얻어야 합니다."

"이사회가 양도의 승인을 거부할 가능성이 클 것 같군요."

"장비가 조조에게 주식을 양도하는 경우 장비는 그 대가로 현금을 지급받을 수 있었습니

119 상법335조1항단서.

다. 그러나 이사회가 양도의 승인을 거부한다면 주식을 양도할 수 없기 때문에 그 대가를 지급받을 수 없게 되겠지요. 따라서 장비에게 투자한 자금을 회수할 수 있는 방법을 마련해 주어야만 합니다.

양도의 승인이 거부된 경우 장비는 이사회에 대하여 주식양수인의 지정을 청구하거나 촉나라인터넷 주식회사에 대하여 주식의 매수를 청구함으로써 투자한 자금을 회수할 수 있습니다.[120] 이사회가 장비의 주식을 양수할 사람을 지정하여 장비가 그 사람에게 주식을 양도하고 그 사람으로부터 대가를 지급받거나 장비가 촉나라인터넷 주식회사에 대하여 소유한 주식의 매수를 청구하여 촉나라인터넷 주식회사로부터 대가를 지급받을 수 있습니다."

조조에게 주식을 양도하려고 하였지만 거부된 경우 주주 장비의 권리

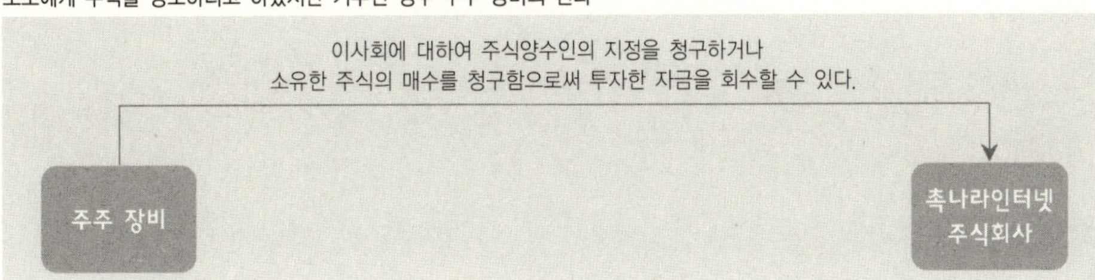

"주식의 양도를 제한하기 위해서 이사회의 승인을 얻도록 하는 방법이 있군요. 그런데 주식의 양도 자체를 금지하는 방법은 없을까요?"

"촉나라인터넷 주식회사의 정관에 주식양도 자체를 전면적으로 금지하는 규정을 두는 방

120 상법335조의2.

법을 말씀하시는 것 같습니다."

"그렇습니다."

"촉나라인터넷 주식회사를 설립하였을 때 5년간 일체의 주식의 양도를 금지하는 규정을 두었다고 가정해보지요. 다음과 같이 정관에 규정을 두었다고 생각해보지요."

설립 후 5년간 주식의 양도를 금지한 촉나라인터넷 주식회사 정관

> **촉나라인터넷 주식회사 정관**
>
> ·
> ·
> ·
>
> 제8조 (주식양도의 제한)
> 설립 후 5년간은 소유한 주식을 양도할 수 없다.
>
> ·
> ·
> ·

"이러한 정관의 규정에 문제가 있습니까?"

"그렇습니다. 대법원에 따르면 이러한 정관의 규정은 무효가 됩니다. 주식의 양도는 정관이 정하는 바에 따라 이사회의 승인을 얻도록 한 상법의 규정[121]은 주식의 양도 그 자체를 금지할 수 있다는 뜻은 아니기 때문에, 주식양도를 전면적으로 금지하는 규정을 정관에 둘 수

121 상법335조1항단서.

는 없다는 것이지요. 설립 후 5년간 주식의 양도를 일체 금지하는 내용을 정관으로 규정하였다 하더라도 주주가 투자한 자금을 회수할 가능성을 전면적으로 부정하는 것이기 때문에 무효가 된다고 합니다."[122]

❸ 자기주식취득의 제한

① 서

"주식의 양도는 법령에 의하여 다양하게 제한되고 있습니다. 그중의 하나로서 자기주식취득의 제한을 들 수 있지요."

"처음 들어 보는 말이군요. 자기주식취득이란 무엇인가요?"

"자기주식취득(自己株式取得)이란 회사가 자기가 발행한 주식을 취득하는 것, 즉 회사가 이미 발행한 자사주식(自社株式)을 회사의 계산으로 주주로부터 취득하는 것입니다.

예를 들어 춘향문화 주식회사(春香文化 株式會社)가 그 회사의 대주주 이몽룡으로부터 유상으로 주식을 취득하는 것을 들 수 있습니다."

"왜 자기주식취득이 규제됩니까?"

"춘향문화 주식회사의 사업실적이 부진하여 해산이 예상되는 바, 춘향문화 주식회사가 1억 원의 재산을 보유하고 있고, 춘향문화 주식회사의 채권자들은 5천만 원의 채권을 갖고 있고, 대주주 이몽룡이 1만 주를 소유하고 있으며, 일반주주들이 1만 주를 소유하고 있다고 가정해 보지요.

춘향문화 주식회사가 대주주 이몽룡이 소유한 주식 1만 주를 유상으로 취득하면서 그 대가

122 대법원 2000. 9. 26. 선고 99다48429 판결.

로 1억원을 지급한다면 춘향문화 주식회사가 보유하는 재산이 하나도 없게 됩니다. 회사채권자들은 회사재산이 전혀 없기 때문에 춘향문화 주식회사로부터 채권을 변제받을 수 없으며 일반주주들은 잔여재산을 분배받을 수 없습니다.

춘향문화 주식회사가 자기주식을 취득하지 않고 청산절차(淸算節次)를 밟는다면 1억 원의 재산으로 5천만 원의 채무를 변제한 후 잔여재산(殘餘財産) 5천만 원을 주주들에게 평등하게 분배하게 됩니다. 주주들이 주당(株當) 분배받게 되는 금액은, 잔여재산 ÷ 총발행주식수입니다. 따라서 5천만 원 ÷ 2만 주가 되어 주당 2,500원이 됩니다. 대주주는 2,500만 원을 지급받게 되고 일반주주들도 2,500만 원을 지급받는 것이 타당하지요. 자기주식의 취득을 아무런 제한 없이 인정하는 경우 이 예에서처럼 춘향문화 주식회사 채권자들은 회사재산이 전혀 없기 때문에 춘향문화 주식회사로부터 채권을 변제받을 수 없으며, 주당 2,500원씩 합계 2,500만 원을 지급받아야 하는 대주주가 주당 1만 원씩 합계 1억 원을 지급받게 되므로, 자기주식의 취득을 규제하는 것입니다."

② 금지의 예외

"자기주식의 취득은 이러한 폐해를 방지하기 위하여 금지되는 것입니다.

그러나 상법은 다양한 예외를 인정하고 있습니다. ① 주식을 소각하기 위한 때, ② 회사의 합병 또는 다른 회사의 영업 전부를 양수한 때, ③ 회사의 권리실행으로 목적을 달성하기 위한 때, ④ 단주의 처리를 위하여 필요한 때, ⑤ 주주가 주식매수청구권을 행사한 때, ⑥ 주식매수선택권을 부여하기 위하여 필요한 때[123] 자기주식을 취득할 수 있습니다.

상법뿐만 아니라 특별법에 의하여도 자기주식취득의 다양한 예외가 인정되고 있습니다."

"예외가 매우 많군요. 한 가지만 이야기를 들어 보고 싶군요."

"앞의 예에서 춘향문화 주식회사의 사업실적이 부진하여 해산이 예상되었는 바, 춘향문화 주식회사가 이러한 위기를 극복하여 자본금을 대폭 늘리고 춘풍문화(春風文化) 주식회사로 상호를 변경한 후 유가증권시장에 상장되었다고 가정해보지요.

춘풍문화 주식회사는 증권거래법이 정하는 바에 따라 자기주식을 취득할 수 있습니다. 상장법인의 주주의 수는 매우 많으며, 상장법인의 대주주의 지분율은 비상장법인의 대주주의 지분율에 비하여 상당히 낮은 편입니다. 상장법인의 자기주식취득은 주식의 가격을 상승시켜 투자자인 일반주주의 이익에 부합되는 점이 있으며, 대주주의 경영권을 보호하는 데 도움이 되지요.

춘풍문화 주식회사가 자기주식을 취득하는 경우 거래되는 주식의 수량이 감소되어 주식의 가격이 상승하며, 대주주 이몽룡의 경영권을 보호하는 데 도움이 될 수 있습니다."

"그러면 상장법인은 아무런 제한 없이 자기주식을 취득할 수가 있나요?"

"그렇지는 않습니다. 상장법인(上場法人)은 상법 제462조 제1항에 의한 이익배당을 할 수 있는 한도 내에서 유가증권시장에서 취득하는 방법 등에 의하여 자기주식을 취득할 수 있습니다.[124] 여기서 유가증권시장이란 한국증권선물거래소가 개설하는 유가증권시장을 의미합니다.[125] 또한 자기주식의 취득에 관한 사항을 금융감독위원회와 거래소에 신고하여야 합니다."[126]

"자기주식을 취득하는 재원(財源)도 제한되는 것 같군요."

"그렇습니다. 춘풍문화 주식회사의 발행주식총수가 100만 주이며, 자본금은 50억 원인 바

123 상법341조, 341조의2 등.
124 증권거래법189조의2.
125 증권거래법2조12항.
126 증권거래법189조의2.

현실적으로 보유하는 재산이 100억 원인 경우와 현실적으로 보유하는 재산이 20억 원인 경우를 비교해보지요. 현실적으로 보유하는 재산이 100억 원인 경우 주주들에게 이익을 배당하는 것이 가능하며, 자기주식을 취득하는 것도 가능합니다. 그러나 현실적으로 보유하는 재산이 20억 원인 경우 주주들에게 이익을 배당하는 것이 불가능하며, 자기주식을 취득하는 것도 불가능합니다.

춘풍문화 주식회사는 배당 가능한 이익을 재원으로 자기주식을 취득할 수 있습니다. 자기주식을 취득하는 재원을 제한하는 이유는 춘풍문화 주식회사의 재산은 원칙적으로 이 회사의 채권자에 대한 유일한 담보가 되므로 무리한 자기주식의 취득을 방지하여 회사채권자를 보호하기 위한 것입니다."

③ 자기주식의 지위

"그러면 자기주식을 취득한 경우 대주주나 대표이사가 그 주식에 대하여 의결권을 행사할 수 있는 것인가요?"

"그렇지는 않습니다. 춘풍문화 주식회사가 발행한 주식의 총수가 100만 주이며, 대주주 이몽룡이 30만 주를 소유하고 있습니다. 춘풍문화 주식회사가 자기주식 5만 주를 취득한 경우와 자기주식을 취득하지 않은 경우를 비교해보지요.

대주주 이몽룡이 30만 주를 소유한 경우 회사가 자기주식을 취득하지 않았다면 이몽룡은 100분의 30, 즉 30%의 지분을 행사할 수 있습니다. 회사가 취득한 자기주식에는 의결권이 인정되지 않으며,[127] 정족수의 계산상 발행주식총수에서 제외됩니다.[128] 춘풍문화 주식회사가

127 상법369조2항.
128 상법371조1항.

취득한 자기주식 5만 주는 정족수의 계산상 발행주식 총수에서 제외되므로, 대주주 이몽룡은 95분의 30, 즉 약 32%의 지분을 행사할 수 있습니다."

④ 금지위반의 효과

"위법하게 자기주식을 취득하는 경우도 있을 것 같군요."

"그렇습니다. 위법한 자기주식의 취득으로 인하여 회사가 손해를 보게 된 때에는 이사는 연대하여 책임을 져야 합니다."[129]

"그러면 자기주식의 취득은 무효가 되는 것인가요?"

"경우를 나누어 생각해보지요. 춘풍문화 주식회사의 대주주 이몽룡이 자신의 지분율을 높이기 위하여 춘풍문화 주식회사의 자금으로 자기주식을 취득하려고 합니다. 먼저 춘풍문화 주식회사가 김선달에게 1억 원을 대여하고, 김선달은 그 돈으로 신주(新株)인수대금을 납입하고, 김선달이 인수한 주식 전부를 회사가 담보로 보관하되, 회사가 김선달에게 대여금 채권을 행사하지 아니하기로 한 경우를 살펴보지요. 춘풍문화 주식회사가 대여금을 실질적으로 회수할 의사가 없었고 김선달도 그러한 회사의 의사를 전제로 하여 주식인수의 청약을 한 것입니다."

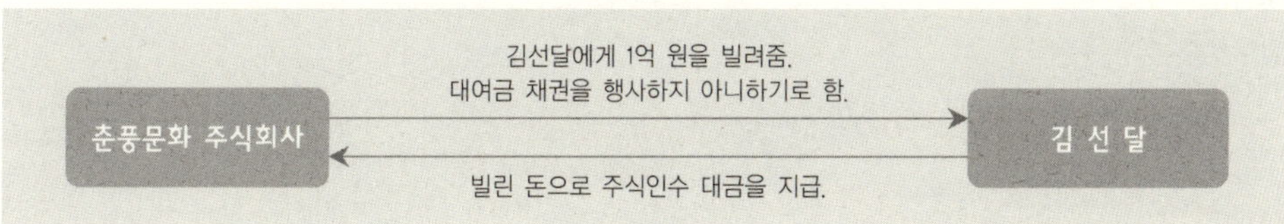

129 상법399조.

"대법원에 따르면 김선달이 인수한 주식의 액면금액에 상당하는 회사의 자본이 증가된 것이 아니라고 합니다. 따라서 이러한 주식인수대금의 납입은 단순히 납입을 가장한 것에 불과하여 무효라고 합니다."[130]

"자기주식취득은 항상 무효인가 보군요?"

"신중하게 검토해야 할 경우도 있습니다. 주식을 양도한 자가 선의인 경우를 살펴보지요.

춘풍문화 주식회사의 대주주 이몽룡이 은밀하게 자신의 지분율을 높이기 위하여 대표이사 성춘향에게 회사의 자금으로서 자기주식을 취득하라고 지시하고, 성춘향은 향단이에게 5만 주의 주식을 취득하도록 지시하고 그 자금을 제공하였습니다. 향단이는 자신의 명의와 방자의 명의 등을 이용하여 여러 증권회사에 구좌를 개설하고, 춘풍문화 주식회사의 주식 5만 주를 매수할 것을 위탁하였습니다. 김서방, 이서방, 박서방, 최서방 등은 자기가 거래하는 증권회사에 주식의 매도를 위탁하여 주식을 양도하였습니다. 이러한 과정을 통하여 춘풍문화 주식회사가 5만 주의 자기주식을 취득하였습니다. 따라서 김서방, 이서방, 박서방, 최서방 등은 춘풍문화 주식회사가 자기주식을 취득하게 된다는 것을 알지 못하고 대금을 지급받고 5만 주를 양도한 것입니다."

130 대법원 2003. 5. 16. 선고 2001다44109 판결.

춘풍문화 주식회사가 선의의 제3자로부터 자기주식을 취득하는 예

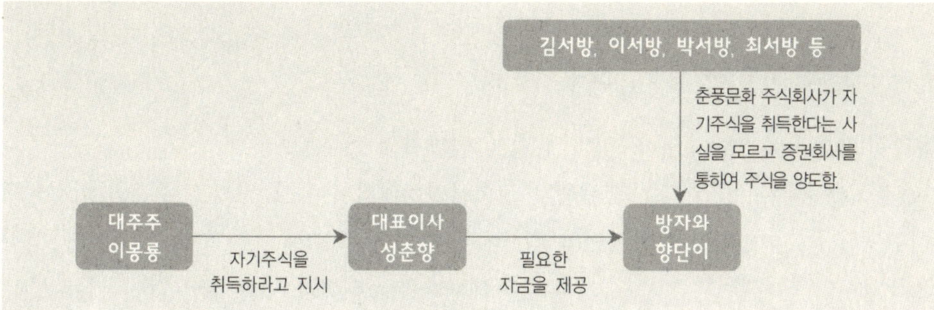

"이러한 자기주식취득이 무효(無效)라면 김서방, 이서방, 박서방, 최서방 등 매도인은 대금을 반환하여야 하며, 매수인은 주식을 매도인에게 반환하여야 합니다.

만약 주식을 반환할 때 주가가 매도 당시보다 하락한 경우라면 매도인은 매수인에게 손해배상을 청구할 수 있겠지요. 방자와 향단이 등의 명의로 춘풍문화 주식회사의 계산으로 자기주식취득이 이루어져 양도인이 선의인 경우에도 자기주식취득을 무효라고 한다면 법률관계가 복잡해져 거래의 안전을 저해하게 됩니다. 주식거래의 안전을 보호하기 위하여 양도인 김서방, 이서방, 박서방, 최서방 등이 선의인 경우 춘풍문화 주식회사의 자기주식의 취득은 유효하다고 보아야 할 것 같습니다."

(7) 주식회사의 기관

❶ 주주총회결의 취소판결과 소급효

"주주총회결의(株主總會決議)의 하자에 관한 이야기를 해보지요.

주주총회는 주주로 구성되는 회사의 최고의사결정기관이며 그 결의는 주주의 의결권행사로 이루어집니다. 따라서 이 의결권의 행사에 하자가 있는 경우에는 결의의 효력에 영향을 미치게 되지요. 대한건설 주식회사의 주주총회결의 취소판결과 소급효에 관하여 살펴보지요.

2001년 6월 대한건설 주식회사의 주주총회에서는 3인의 이사들을 선임하였습니다. 그러나 그 결의에 하자가 있었습니다. 반대가 예상되는 일부주주에게 소집통지를 하지 아니하고 주주총회를 개최한 것이지요. 하자 있는 결의로 선임된 이사들이 이완용을 대표이사로 선임하였으며, 이완용은 법인등기부에 자신이 대표이사로 선임된 사실을 등기하였습니다."

상업등기부에 이완용이 대표이사로 선임된 사실이 기재된 경위

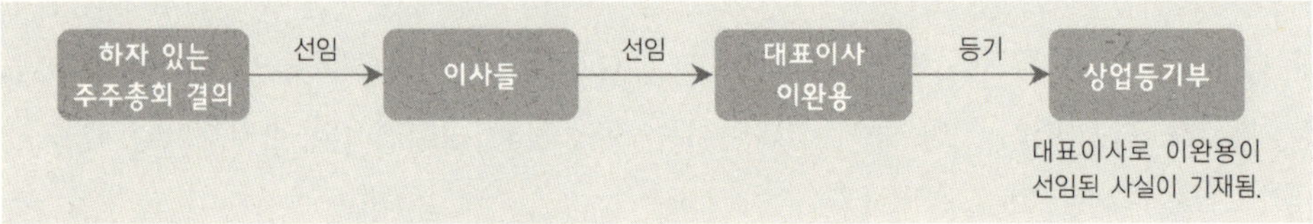

"이준은 2001년 12월 이완용을 통하여 대한건설 주식회사 소유의 부동산에 대하여 근저당

설정계약을 체결하고 근저당설정등기를 경료하였습니다. 이준은 하자 있는 주주총회의 결의에 의하여 이사들이 선임되고, 이사회의 결의로 이완용이 대표이사로 선임된 것임을 알지 못하고 거래를 한 것입니다."

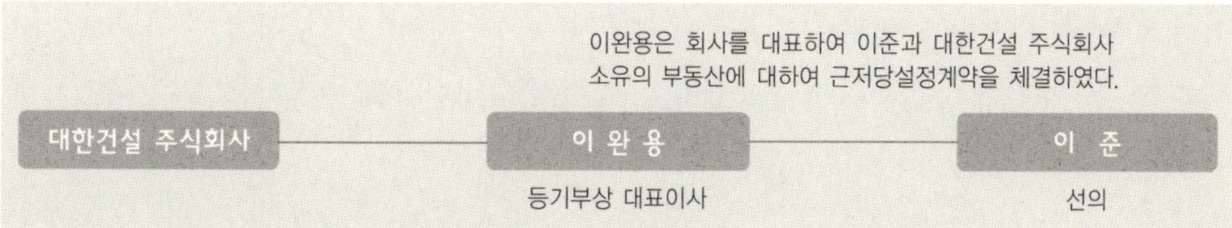

"그러나 이사를 선임한 주주총회의 결의에 하자가 있어 2002년 6월 주주총회결의 취소판결이 내려지게 되었습니다. 주주총회결의 취소판결(株主總會決議 取消判決)이란 주주총회의 결의를 취소하는 판결을 의미하지요. 이 판결에 의하여 이완용의 대표이사의 자격이 상실되었습니다. 이 판결 이전에 하자 있는 주주총회결의에 의해 이사가 선임된 사실을 알지 못하고 대표이사 이완용을 통하여 대한건설 주식회사와 거래한 이준의 거래행위의 효력이 문제가 됩니다. 즉 주주총회결의취소판결이 확정된 경우 취소판결의 소급효가 문제가 됩니다."

"소급효란 무엇인가요?"

"소급효(遡及效)란 거슬러 올라가 미치는[遡及] 효력(效力)을 의미합니다. 주주총회결의취소판결이 확정되어 소급효가 미치게 된다면 그 이전에 있었던 하자 있는 주주총회결의가 소급하여 무효가 됩니다. 그러나 결의취소판결이 확정되었다 하더라도 소급효가 미치지 아니한다면 하자 있는 주주총회결의라 하더라도 소급하여 무효가 되는 것은 아닙니다.

대법원에 따르면 이사 선임의 주주총회결의에 대한 취소판결이 확정된 경우 그 결의에 의하여 선임된 이사들로 구성된 이사회에서 선정된 대표이사는 소급하여 그 자격을 상실합니다. 취소판결의 소급효(遡及效)가 미치게 되므로, 이완용은 소급하여 대표이사의 자격을 상실하게 되고, 이준과 거래한 행위는 대표권이 없는 자가 한 행위이므로, 무효가 됩니다. 따라서 이준이 소송을 제기하여 취소판결의 소급효가 미치지 아니한다고 주장하는 경우 패소하게 되겠지요."

취소판결의 소급효에 관한 대법원 판결[131]

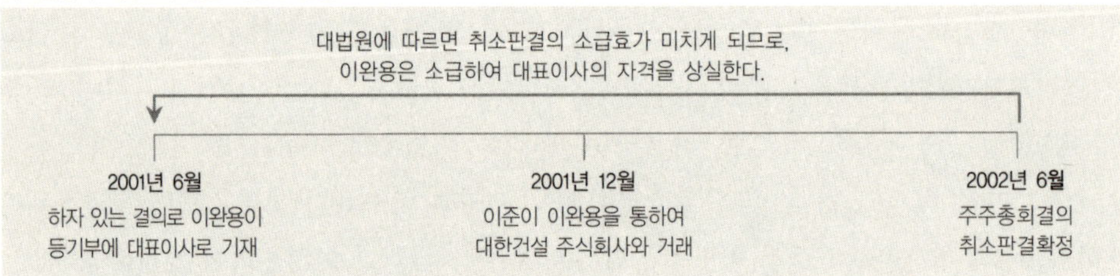

"그러면 이준은 자신의 권리를 어떻게 보호할 수 있나요?"

"대법원에 따르면 이사 선임의 주주총회결의에 대한 취소판결이 확정되어 그 결의가 소급하여 무효가 된다고 하더라도 그 선임 결의가 취소되는 대표이사와 거래한 상대방은 상법 제39조에 의하여 보호될 수 있습니다.

131 2004. 2. 27. 선고 2002다19797 판결.

상법 제39조(부실의 등기)에 따르면 고의 또는 과실로 인하여 사실과 상위(相違)한 사항을 등기한 자는 그 상위를 선의의 제3자에게 대항하지 못합니다. 사실과 상위한 사항이란 적법한 대표이사가 아닌 이완용이 대표이사로 등기된 사항을 의미하며, 대한건설 주식회사는 사실과 상위한 사항을 등기한 자입니다. 대한건설 주식회사는 그 상위를 선의의 제3자인 이준에게 대항할 수 없다고 합니다.

대법원에 따르면 취소판결의 소급효가 인정되지만, 2001년 12월 선의로 이완용을 통하여 대한건설 주식회사와 거래한 이준은 상법 제39조에 의하여 보호될 수 있습니다."

부실등기의 효력에 관한 대법원 판결[132]

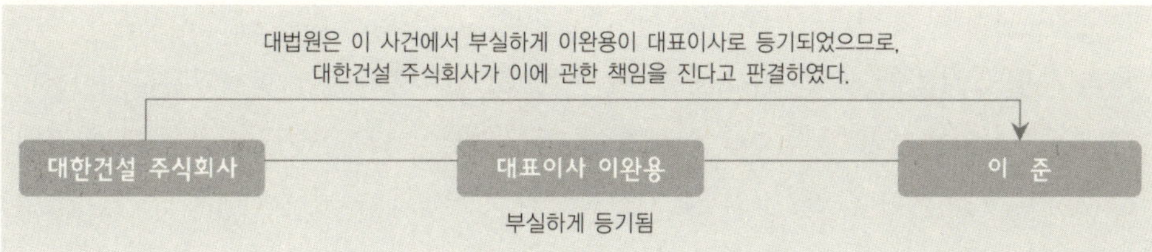

"결국 대법원은 선의의 이준을 보호하는군요."

"그렇습니다. 다만 권리행사방법이란 측면에서는 생각해볼 점도 있습니다.

대법원에 따르면 취소판결이 내려지면 과거에 결의의 유효를 전제로 행해졌던 모든 행위가 소급하여 효력을 잃게 됩니다. 이완용의 대표이사의 자격이 상실되어 이완용이 행한 모든

132 2004. 2. 27. 선고 2002다19797 판결.

거래가 무효가 되지만, 상법 제39조나 상법 제395조 등에 의하여 이준이 보호될 수 있습니다. 선의로 이완용을 통하여 대한건설 주식회사와 거래한 이준이 소송을 제기하여 사실과 상위한 사항을 등기한 대한건설 주식회사는 그 상위를 선의의 이준에게 대항할 수 없다고 주장하는 경우 승소할 수 있습니다. 그러나 취소판결의 소급효가 미치지 아니한다고 주장하는 경우 패소하게 될 것입니다.

이준이 상법 제39조에 의하여 자신의 권리를 보호하는 것은 물론 판결의 소급효가 미치지 아니한다고 주장함으로써 자신의 권리를 보호할 수 있다고 하는 것은 어떠할까요?"

❷ 이사와 회사 간의 이익충돌방지

"이사는 충실의무, 경업금지의무 등을 부담하고 있습니다.

이사의 충실의무(忠實義務)란 이사가 직무를 충실하게 수행하여야 할 의무를 의미하며,[133] 이사의 경업금지의무(競業禁止義務)란 이사가 회사와 경쟁이 되는 영업[競業]을 하는 것이 금지되는 의무를 의미합니다. 또한 이사와 회사 간의 자기거래가 제한됩니다."

"자기거래가 무엇인가요?"

"자기거래(自己去來)란 이사가 회사를 상대방으로 하여 자기 또는 제3자의 계산으로 하는 거래입니다. 한겨레건설 주식회사가 건축자재를 매수하려는 바, 대표이사 황희(黃喜)를 통하여 통상적으로 거래하는 경우와 자기거래를 하는 경우를 비교해 보지요. 한겨레건설 주식회사가 대표이사 황희를 통하여 유성룡(柳成龍)으로부터 건축자재를 매수하려고 합니다. 황희와 유성룡이 벽돌과 대리석의 수량, 인도일 및 가격 등에 대하여 협의한 후에 매매계약서를 작

133 상법382조의3.

성한다고 생각해보지요. 대표이사 황희와 유성룡이 만나서 매매계약서를 작성하지만, 거래의 당사자는 한겨레건설 주식회사와 유성룡이 되지요."

한겨레건설 주식회사가 대표이사를 통하여 유성룡으로부터 건축자재를 매수하는 경우

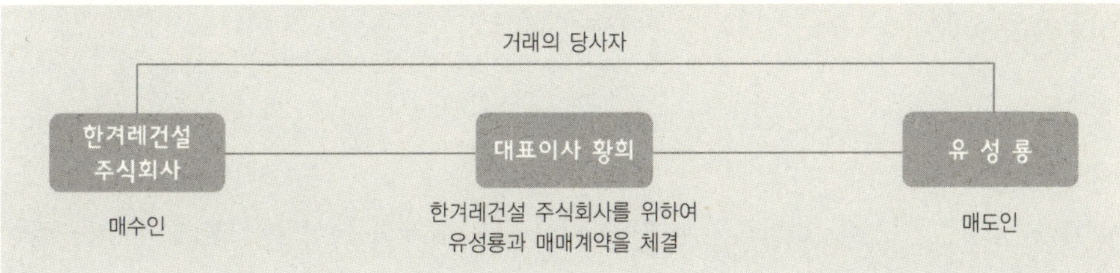

"한겨레건설 주식회사가 자기거래를 하는 경우를 살펴보지요. 한겨레건설 주식회사가 대표이사를 통하여 황희로부터 건축자재를 매수하려고 합니다. 한겨레건설 주식회사 대표이사와 건축자재의 매도인이 만나서 매매계약서를 작성한다고 생각해보지요. 한겨레건설 주식회사 대표이사와 건축자재의 매도인이 동일한 황희이므로 황희가 혼자서 매매계약서를 작성하게 됩니다. 황희가 자신의 개인적인 이익을 위하여 시세보다 높게 매도대금을 정할 위험성이 있습니다. 만약 이와 같이 매도대금을 정한 후 한겨레건설 주식회사가 그 대금을 황희 개인에게 지급한다면 한겨레건설 주식회사에 손해가 초래됩니다. 이와 같은 한겨레건설 주식회사와 이사인 황희의 거래를 자기거래라고 합니다."

한겨레건설 주식회사가 대표이사를 통하여 황희로부터 건축자재를 매수하는 경우

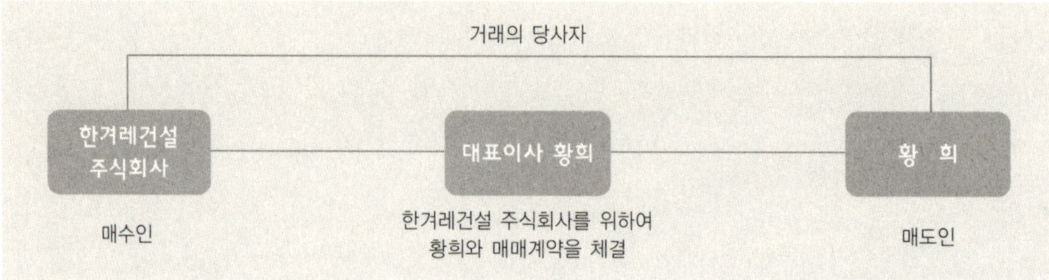

"상법은 황희가 자신의 개인적인 이익을 위하여 매매가격을 상당히 높게 정하는 불공정한 거래를 방지하기 위하여 한겨레건설 주식회사 이사회의 승인을 얻도록 하고 있습니다."[134]

(8) 신주발행

❶ 서설

"우리 회사도 설립한 후 여러 해가 지났습니다. 신주를 발행하여 자본을 증가할 필요가 있습니다."

"그렇습니다. 촉나라인터넷 주식회사의 발행예정주식총수는 12만 주이며, 이 중 설립 시에 3만 주를 발행하였습니다."

134 상법398조.

촉나라인터넷 주식회사 정관

·
·
·

제3조 (발행할 주식의 총수)
회사가 발행할 주식의 총수는 보통주식 한 종류 120,000주로 한다.
제4조 (1주의 금액)
회사가 발행할 모든 주식의 1주의 액면가는 1만원으로 한다.
제5조 (설립 시에 발행하는 주식의 총수)
설립 시에 발행하는 주식의 총수는 보통주식 30,000주로 한다.

·
·
·

"그래서 촉나라인터넷 주식회사는 미발행주식(未發行株式) 9만 주를 발행할 수 있습니다. 정관에 별도의 규정이 없기 때문에 이사회에서 신주발행에 관한 사항을 결정하게 됩니다."[135]

❷ 신주인수권

"주주인 유비, 관우, 장비는 신주인수권을 갖게 됩니다."
"신주인수권이란 무엇인가요?"
"신주인수권(新株引受權)이란 말 그대로 신주를 우선하여 인수할 수 있는 권리를 말합니다.

135 상법416조.

주식회사가 신주를 발행하는 경우에 다른 자보다 우선적으로 신주의 인수를 청구할 수 있는 권리를 말합니다.

촉나라인터넷 주식회사의 유비, 관우, 장비는 각각 1만 주의 주식을 소유하고 있습니다. 회사에 대하여 각자가 동일한 지분을 행사할 수 있는 상황입니다. 법률 또는 정관에 다른 정함이 없는 경우 주주는 소유한 주식 수에 비례하여 신주의 배정을 받을 권리가 있습니다.[136] 주주의 회사지배권과 경제적 이익을 보호하기 위한 것이지요.

3만 주의 신주를 발행하는 경우 장비가 3만 주 모두를 인수한다고 가정해보지요. 회사지배구조의 변화가 초래됩니다. 장비가 4만 주를 소유하게 되므로, 유비와 관우는 소수주주가 됩니다."

"신주인수권이 인정되지 아니한다면 큰 문제가 발생될 수 있겠군요."

"그렇습니다. 발행주식총수가 1만 주인 신대륙건설 주식회사(新大陸建設 株式會社)에서 대주주 콜럼버스(Columbus)가 7천 주를 소유하고 있으며, 소수주주 이사벨라(Isabela)가 3천 주를 소유하고 있습니다. 이사회 결의만으로 현물출자자(現物出資者) 나폴레옹(Napoleon)에게 신주 2만 주를 배정한다고 가정해보지요. 대법원에 따르면 현물출자자에게 발행하는 신주에 대해서는 일반주주의 신주인수권이 인정되지 않는다고 합니다.[137] 이사회 결의만으로 주주가 아닌 나폴레옹에게 신주 2만 주를 배정한다면 기존 주주인 콜럼버스와 이사벨라의 신주인수권이 무시되어 이사회는 언제든지 현물출자의 형태를 취하여 회사의 지배구조를 바꿀 수 있게 됩니다. 주주인 콜럼버스와 이사벨라에 대한 중대한 권리침해로서 정관에 다른 정함이 없는 경우 주주의 신주인수권을 보장한 상법 제418조에 위배된다는 문제가 있습니다."

136 상법418조.
137 대법원 1989. 3. 14. 선고 88누889 판결.

(9) 사채

❶ 의의

"주식회사가 자금을 조달하기 위한 중요한 방법 중의 하나로서 사채를 발행하는 것을 들 수 있습니다."

"사채란 무엇인가요?"

"사채(社債)란 회사가 부담하는 채무, 즉 주식회사가 자금을 조달하기 위하여 채권발행(債券發行)이라는 방법으로 일반대중에 대하여 부담하는 채무를 말합니다. 회사채(會社債)라고 부르기도 하지요. 사채는 차입주체가 주식회사이고, 차입의 상대방이 일반대중이고, 그 금액이 거액이고, 그 기간이 장기(長期)이고, 각 사채권자에 대하여 조건이 동일하며, 채권이 발행되는 등 여러 가지 특색이 있습니다.

사채는 주식회사가 불특정 다수인을 대상으로 부담하는 채무라는 점에서 통상의 채무와는 차이가 있습니다. 예를 들어 삼성인터넷 주식회사가 하나은행으로부터 10억 원을 대출받아 1년 후에 변제하기로 한 경우 주식회사가 부담하는 채무이지만, 여기서 이야기하는 사채는 아닙니다. 삼성인터넷 주식회사가 사채를 발행하는 경우 불특정 다수의 사람들을 대상으로 채무를 부담하게 되어 갑, 을, 병, A, B, C, D, E 등 많은 사람들이 사채권자가 되어 삼성인터넷 주식회사에 대하여 사채권을 행사할 수 있게 됩니다."

❷ 사채와 주식의 비교

① 사채와 주식의 차이

"자본금이 백억 원인 삼성인터넷 주식회사에 5억 원을 투자하여 5%의 주식을 소유한 주주 김춘추(金春秋)와 5억 원을 투자하여 사채를 소유한 사채권자 최승우(崔承祐)를 비교해보지요. 삼성인터넷 주식회사는 주식을 발행하건 사채를 발행하건 영업에 필요한 자금을 조달할 수 있습니다.

사채권자 최승우는 금전채권을 행사할 수 있지만, 주주 김춘추는 주주권을 행사할 수 있으므로 다음과 같은 차이점이 있습니다. 주주 김춘추는 삼성인터넷 주식회사의 주주총회에서 이사 선임, 합병 등 중요한 회사정책 결정에 참여할 수 있는 권리가 있지만, 사채권자 최승우는 그러한 권리가 없습니다. 삼성인터넷 주식회사가 영업이익을 얻지 못하고 적자인 경우를 생각해보지요. 주주는 이익이 있어야 배당을 받으므로 김춘추는 이익배당을 받을 수 없지만, 최승우는 이익의 유무와는 무관하게 이자를 지급받게 됩니다.

그러나 삼성인터넷 주식회사의 이익이 매우 큰 경우 김춘추는 투자했던 돈 보다도 많은 이익배당을 얻을 수 있지만, 최승우는 약정한 이자를 지급받을 뿐입니다. 김춘추는 삼성인터넷 주식회사가 존속하는 중에는 원칙적으로 출자금을 반환받을 수 없으나 최승우는 상환기한이 되면 원금을 상환받게 됩니다. 따라서 김춘추는 적극적인 투자자이지만, 최승우는 소극적인 투자자로 비유될 수 있습니다."

② 주식과 사채의 접근

가. 주식의 사채화

"주식과 사채를 발행하는 경우 위와 같이 커다란 차이가 생기게 됩니다. 그러나 주식의 사채화 현상도 볼 수 있습니다."

"주식의 사채화란 무엇인가요?"

"주식의 사채화(社債化)란 주식이 사채와 유사한 성격을 갖게 되는 것을 의미합니다. 주식의 자유로운 양도로 투자한 자금의 회수가 용이하며, 주주의 회사운영에 대한 무관심으로 인해 주주의 사채권자화 현상이 나타나고 있습니다. 특히 무의결권우선주, 상환주식 등을 주식의 사채화현상의 대표적인 예로 들 수 있습니다."

"예를 들면 좋겠군요."

"김춘추가 통상적인 주식이 아닌 무의결권우선주(無議決權優先株)를 소유하고 있다고 가정해보지요. 김춘추는 다른 주주보다 우선하여 이익배당을 받을 권리가 있지만, 주주총회에서 의결권을 행사할 수 없습니다. 주주총회에서 의결권을 행사할 수 없다는 점에서 무의결권우선주는 사채와 유사하지요."

나. 사채의 주식화

"또한 사채의 주식화현상도 나타나고 있지요."

"사채의 주식화란 무엇인가요?"

"사채의 주식화(株式化)란 사채가 주식과 유사한 성격을 갖게 되는 것을 의미합니다. 대표적인 예로서는 전환사채, 신주인수권부사채 등을 들 수 있습니다."

"역시 예를 드는 것이 좋겠습니다."

"사채권자 최승우가 발행회사인 삼성인터넷 주식회사의 주식으로 전환할 수 있는 전환사채(轉換社債)를 소유하고 있다고 가정해보지요. 현재는 이사 선임 등 중요한 회사정책결정에 참여할 수 있는 권리가 없지만, 이 사채를 주식으로 전환하게 된다면 중요한 회사정책결정에 참여할 수 있는 권리를 갖게 됩니다. 즉 전환사채가 주식으로 전환된다면 통상의 주식을 소유한 주주와 마찬가지로 최승우는 삼성인터넷 주식회사에 대하여 주주권을 행사할 수 있습니다."

(10) 회사의 합병

❶ 서설

"고려전자 주식회사가 백제전자 주식회사를 합병했다고 하는군요. 이에 관한 이야기를 아시는 대로 해주시면 좋겠습니다."

"백제전자 주식회사(百濟電子 株式會社)는 가전제품을 생산하는 공장과 반도체를 생산하는 공장을 소유하고 있었지요. 고려전자 주식회사가 백제전자 주식회사를 합병하여 고려전자 주식회사가 백제전자 주식회사의 권리와 의무를 포괄적으로 승계하였습니다. 백제전자 주식회사는 소멸하게 되어 고려전자 주식회사만이 존재합니다. 백제전자 주식회사는 청산절차를 거치지 않고 고려전자 주식회사와 결합한 것이지요."

"청산절차란 무엇인가요?"

"청산절차(清算節次)란 해산한 회사의 모든 법률관계를 종료하는 절차를 말합니다. 해산한 회사가 채권의 추심과 채무의 변제, 재산의 환가처분(換價處分) 및 잔여재산의 분배 등을 이행한 후에 완전하게 소멸되는 것입니다.

백제전자 주식회사가 천억 원의 채권을 가지고 있고, 2천억 원의 채무를 부담하고 있으며, 6천억 원의 가치가 있는 부동산을 소유하고 있다고 가정해보지요. 백제전자 주식회사가 천억 원의 채권을 행사하여 변제받고 2천억 원의 채무를 변제하여야 합니다. 채권을 행사하여 금전을 지급받는 것만으로는 회사 채무를 변제할 수 없으므로, 부동산을 매도하고 회사의 모든 채무를 변제하게 되겠지요. 회사 채무를 변제한 후 5천억 원이 남게 되면 이러한 잔여재산을 주주들에게 분배하게 됩니다.

그러나 합병에 의하여 회사가 결합하는 경우 청산절차를 거치지 않고 하나의 회사가 됩니다. 합병에 의하여 백제전자 주식회사가 청산절차를 밟아야 하는 번잡함을 방지할 수 있지요."

"합병에 의하여 간편하게 두 회사가 하나의 회사가 될 수 있군요. 그런데 안사건설 주식회사가 당나라건설 주식회사의 발행주식 중 과반수(過半數)의 주식을 취득하였다고 합니다. 고려전자 주식회사가 백제전자 주식회사를 합병한 경우와 비교하면 어떠한 차이점이 있는 것인가요?"

"고려전자 주식회사는 백제전자 주식회사로부터 가전제품을 생산하는 공장과 반도체를 생산하는 공장을 인도받아 고려전자 주식회사의 명의로 가전제품과 반도체를 생산하게 됩니다. 백제전자 주식회사는 소멸하게 됩니다. 안사건설 주식회사가 당나라건설 주식회사의 발행주식 중 과반수의 주식을 소유하는 경우에는 당나라건설 주식회사는 소멸하지 않습니다. 당나라건설 주식회사의 명의로 공사를 도급받아 수행하게 됩니다. 안사건설 주식회사는 당나라건설 주식회사의 주주총회를 지배하게 되어 경영권을 행사할 수 있습니다. 또한 당나라건설 주식회사의 영업이익이 많은 경우 많은 이익도 배당받을 수 있습니다."

"명확한 차이점이 있군요."

"그렇습니다. 합병이 이루어지는 경우 고려전자 주식회사와 백제전자 주식회사가 청산절차를 거치지 않고 경제적으로는 물론 법률적으로도 하나의 회사가 됩니다.

그러나 안사건설 주식회사가 당나라건설 주식회사의 주식의 과반수를 소유하는 경우 당나라건설 주식회사는 법률적으로 존재하고 있는 것이지요. 고려전자 주식회사와 백제전자 주식회사가 경제적으로는 물론 법률적으로도 하나의 회사가 된다는 점에서 합병은 가장 완전한 기업결합이라고 할 수 있습니다. 합병은 두 당사자가 결합한다는 점에서는 결혼과 유사하지요. 그러나 부부별산제(夫婦別産制)가 적용되는 결혼보다 완전한 결합이라고 할 수 있습니다."

❷ 합병절차

"주식회사의 합병은 합병계약서 작성, 합병대차대조표의 공시, 합병결의, 채권자보호절차 및 합병등기 등 법정절차(法定節次)에 따라서 이루어져야 합니다."

① 합병계약서 작성

"고려전자 주식회사와 백제전자 주식회사가 합병을 하려면 두 회사 간에 합병기일, 합병조건 등 합병에 필요한 사항이 기재된 합병계약서를 작성하여야 합니다.

다음과 같이 합병계약서를 작성하는 예를 들 수 있습니다."

합 병 계 약 서

고려전자 주식회사와 백제전자 주식회사는 경영합리화를 위하여 합병하기로 하고 다음과 같이 계약을 체결한다.

제1조 (합병방법) 고려전자 주식회사와 백제전자 주식회사가 합병하여 고려전자 주식회사가 존속하고 백제전자 주식회사는 해산한다.

제2조 (발행할 주식의 총수) 현재 고려전자 주식회사의 발행할 주식의 총수는 1억 주인 바, 합병으로 인하여 기명식 보통주식 5천만 주를 증가하여 발행할 주식의 총수를 1억 5천만 주로 한다.

제3조 (증가할 자본금과 준비금 총액) 고려전자 주식회사가 합병으로 인하여 증가할 자본금은 5천억 원으로 하고, 준비금은 제6조에서 정한 합병기일에 있어서 백제전자 주식회사의 대차대조표상 금액으로 한다.

제4조 (합병 시 발행신주 및 교부비율) 고려전자 주식회사는 기명식 보통주식(1주의 금액 1만원) 5천만 주를 발행하여 합병기일 현재 백제전자 주식회사의 주주명부에 기재되어 있는 주주에게 그가 소유하는 백제전자 주식회사의 주식 1주에 대하여 고려전자 주식회사의 주식 0.5주의 비율로 배정 교부한다.

제5조 (합병승인 총회기일) 고려전자 주식회사와 백제전자 주식회사는 이 계약의 승인 및 합병에 필요한 사항을 의결하기 위하여 2001년 11월 1일에 각각 주주총회를 개최한다.

제6조 (합병기일) 고려전자 주식회사와 백제전자 주식회사의 합병기일은 2001년 12월 10일로 한다.

제7조 (재산의 인수) 백제전자 주식회사는 2001년 9월 1일 현재의 대차대조표 기타 계산서류를 기초로 하여 합병기일에 그 자산, 부채 및 권리의무 일체를 고려전자 주식회사에게 인계하고 고려전자 주식회사는 이를 인수한다. 백제전자 주식회사는 2001년 9월 1일부터 합병기일에 이르기까지의 자산, 부채의 변동에 관하여 따로 계산서류를 작성하여 그 내용을 명확히 하여야 한다.

제8조 (계약의 효력발생) 이 계약은 제5조에 규정하는 각기의 주주총회의 승인을 얻은 때에 그 효력을 발생한다.

위 계약의 성립을 증명하기 위하여 계약서 2통을 작성하고 고려전자 주식회사와 백제전자 주식회사 대표이사가 기명날인하여 각각 1통씩 보관한다.

2001년 10월 1일

고려전자 주식회사 대표이사 복지겸 ㉐

백제전자 주식회사 대표이사 최승우 ㉐

② 대차대조표의 공시

"고려전자 주식회사와 백제전자 주식회사는 합병결의를 위한 주주총회 회일(會日)인 2001년 11월 1일의 2주간 전부터 이 두 회사의 대차대조표를 본점에 비치하여 주주나 회사채권자가 열람할 수 있게 하여야 합니다.[138] 이는 주주들에게는 주주총회에서 의결권을 행사하기 이전에 합병당사회사의 재무구조에 대한 참고자료를 제공하기 위한 것이며, 회사채권자들에게는 이의(異議)의 제기 여부를 판단하기 위한 참고자료를 제공하기 위한 것입니다."

③ 합병결의

"고려전자 주식회사와 백제전자 주식회사는 2001년 11월 1일 주주총회의 특별결의로 합병계약서를 승인하여야 합니다.[139] 합병으로 인해 회사의 소멸, 권리·의무의 포괄적 승계 등 회사구조의 중대한 변화가 초래되므로 주주총회의 특별결의가 필요합니다. 특별결의의 경우는 출석한 주주의 의결권의 3분의 2 이상의 수와 발행주식 총수의 3분의 1 이상의 수로서 하여야 하지요.[140] 합병에 반대하는 소수주주에게는 주식매수청구권이 인정됩니다."[141]

④ 채권자 보호절차

"고려전자 주식회사와 백제전자 주식회사는 회사채권자 보호절차를 밟아야 합니다. 회사채권자(會社債權者)도 주주 못지않게 중대한 이해관계를 갖게 됩니다. 당사회사의 재산 모두가 합일귀속되므로 합병 전과는 재무구조가 달라질 수 있습니다. 재무구조가 합병 전보다 악화되는 경우 채권자들이 채권의 변제를 받을 가능성이 줄어들게 되지요.

138 상법522조의2.
139 상법522조3항.
140 상법434조.
141 상법522조의3.

만약 백제전자 주식회사의 재무구조는 부실하지만, 고려전자 주식회사의 재무구조는 양호하다고 가정해보지요. 고려전자 주식회사가 백제전자 주식회사를 합병하는 경우 고려전자 주식회사는 백제전자 주식회사의 권리·의무를 포괄적으로 승계하므로, 백제전자 주식회사의 채무에 대하여 고려전자 주식회사가 변제할 책임이 있습니다. 백제전자 주식회사의 채권자들은 재무구조가 양호한 고려전자 주식회사가 채무에 대하여 변제할 책임을 지므로 합병에 대하여 만족하겠지만, 고려전자 주식회사의 채권자들은 재무구조가 부실한 백제전자 주식회사와의 합병으로 인해 채권을 변제받을 가능성이 줄어들 수 있습니다.

그러므로 상법은 회사채권자 보호절차를 밟도록 하고 있습니다. 회사가 합병결의를 한 때에는 그 결의가 있은 날로부터 2주간 내에 회사채권자에 대하여 합병에 이의가 있으면 일정한 기간 내에 이의를 제출할 것을 공고하고, 알고 있는 채권자에 대하여는 각각 이를 최고하여야 하며 그 기간은 1개월 이상이어야 합니다. 채권자가 이 기간 내에 이의를 제출하지 아니한 때에는 합병을 승인한 것으로 보고, 이의를 제출한 자가 있는 때에는 회사는 그 채권자에 대하여 변제 또는 상당한 담보를 제공하거나 이를 목적으로 하여 상당한 재산을 신탁회사에 신탁하여야 합니다."[142]

⑤ 합병등기

"이러한 절차가 끝나면 존속회사인 고려전자 주식회사는 변경등기, 소멸회사인 백제전자 주식회사는 해산등기를 하여야 합니다.[143] 합병은 존속회사 또는 신설회사가 본점 소재지에서 그 등기를 함으로써 그 효력이 발생하게 됩니다.[144] 합병과 관련된 많은 이해관계인이 존

142 상법530조.
143 상법528조.
144 상법530조2항.

재하고 있습니다. 많은 이해관계인에 대한 법률관계를 획일적으로 규율하기 위하여 등기에 의하여 합병의 효력이 발생하도록 하고 있습니다."

❸ 반대주주의 주식매수청구권

"합병이나 영업 전부의 양도 등 회사구조의 중대한 변화가 초래되는 경우 이러한 변화에 반대하는 소수주주는 주식매수청구권을 행사할 수 있습니다."

"반대주주의 주식매수청구권이란 무엇인가요?"

"반대주주(反對株主)의 주식매수청구권(株式買受請求權)이란 주주의 이해관계에 대하여 중대한 영향을 미치는 일정한 의안이 주주총회에서 결의된 경우 그 결의에 반대하는 주주가 소유한 주식을 회사로 하여금 매수하도록 청구할 수 있는 권리입니다. 즉 합병, 영업 전부의 양도 등 회사구조의 중대한 변화가 초래되는 경우 이에 반대하는 소수주주가 회사에 대하여 소유한 주식의 매수를 청구할 수 있습니다.[145]

합병과 같은 회사구조의 중대한 변화가 초래되는 경우 주식매수청구제도는 회사구조의 중대한 변화를 원하는 다수주주와 이러한 변화를 거부하는 소수주주의 화해적 수단이 될 수 있습니다."

"예를 들면 좋을 것 같군요."

"앞에서 고려전자 주식회사와 백제전자 주식회사의 주식교환비율은 1 : 2였습니다. 고려전자 주식회사는 발행주식이 1억 주, 회사의 가치가 1조 원이며, 백제전자 주식회사는 발행주식이 1억 주, 회사의 가치가 5천억 원으로 평가되었다고 하더군요. 그래서 이러한 주식교환비율

145 상법374조의2, 상법522조의3.

을 정한 것이라고 합니다. 이 주식교환비율에 의하면 백제전자 주식회사의 주식 1천 주를 소유한 자에게는 고려전자 주식회사의 주식 500주가 교부됩니다.

그러나 회사의 가치평가는 사람마다 달라질 수 있습니다. 백제전자 주식회사의 주주 중 회사의 가치를 5천억 원이 아니라 1조 원 정도로 평가하는 사람이 있다면, 이 주주는 고려전자 주식회사와 백제전자 주식회사의 주식교환비율이 1 : 1인 것이 공정하다고 생각하겠지요. 이러한 비율이라면 백제전자 주식회사의 주식 1천 주를 소유한 주주에게는 고려전자 주식회사 주식 1천 주가 교부되어야 합니다.

그러나 두 회사의 대주주들은 1 : 2라는 주식교환비율이 공정하다고 생각하여 주주총회에서 합병에 대하여 찬성하였습니다. 이 경우 주식교환비율이 불공정하다고 생각하기 때문에 합병에 반대하는 소수주주들도 존재할 수 있지요. 합병에 반대하는 백제전자 주식회사의 소수주주는 자신이 소유한 주식을 백제전자 주식회사가 공정한 가액으로 매수하도록 청구할 수 있는 권리가 있습니다. 만약 고려전자 주식회사의 소수주주가 합병에 반대한다면 이 주주는 고려전자 주식회사에 대하여 주식매수청구권을 행사할 수 있습니다."

④ 특수한 합병

"주식회사의 합병 중 특수한 합병으로서 간이합병과 소규모합병이 있습니다."

"소규모합병이란 무엇인가요?"

"소규모합병(小規模合併)이란 소규모로 이루어지는 합병을 말합니다. 현행법상으로는 합병 후 존속하는 회사가 합병으로 인하여 발행하는 신주의 총수가 그 회사의 발행주식총수의 100분의

5를 초과하지 아니하는 합병을 의미합니다."[146]

"예를 들면 좋겠습니다."

"위나라인터넷 주식회사가 최근 영업실적이 부진한 오나라인터넷 주식회사를 합병하려고 합니다. 통상의 합병의 경우라면 위나라인터넷 주식회사의 주주총회의 결의와 오나라인터넷 주식회사의 주주총회의 결의가 있어야 하며, 반대하는 소수주주에게는 주식매수청구권이 인정됩니다.

그러나 위나라인터넷 주식회사가 합병으로 인하여 발행하는 신주의 총수가 위나라인터넷 주식회사의 발행주식총수의 100분의 5를 초과하지 아니하는 경우에는 위나라인터넷 주식회사의 주주총회의 승인을 생략할 수 있습니다. 위나라인터넷 주식회사의 발행주식총수가 백만 주인 바, 오나라인터넷 주식회사의 주주들에게 합병으로 인하여 발행하여 교부하는 위나라인터넷 주식회사의 신주의 수가 5만 주 이하인 때에는 위나라인터넷 주식회사의 주주총회의 승인을 얻지 않고 이사회의 승인만으로 오나라인터넷 주식회사를 합병할 수 있습니다. 존속회사인 위나라인터넷 주식회사의 주주에게는 주식매수청구권이 인정되지 않습니다."[147]

"통상적인 합병과는 절차적인 측면에서 차이가 있군요."

"그렇습니다. 소규모합병의 경우 존속회사의 주주총회의 승인을 얻지 않아도 되며, 존속회사의 반대주주에게 주식매수청구권이 인정되지 않는다는 점에서 통상의 합병절차와는 차이가 있습니다. 대규모회사가 소규모회사를 합병하는 경우 대규모회사의 입장에서는 일상적인 영업활동의 규모와 유사한 자산의 취득이기 때문에 존속회사의 주주에게 미치는 영향이 미미하며, 따라서 번거롭게 주주총회의 결의와 주식매수청구절차를 거칠 필요가 없는 취지인 것으로 이해됩니다.

146 상법527조의3.
147 상법527조의3.

다만 오나라인터넷 주식회사의 주주에게 지급할 금액을 정한 경우에 그 금액이 위나라인터넷 주식회사의 최종 대차대조표상으로 현존하는 순자산액의 100분의 2를 초과하는 때에는 위나라인터넷 주식회사의 주주총회의 승인을 얻어야 합니다. 만약 위나라인터넷 주식회사의 순자산이 100억 원인 바, 오나라인터넷 주식회사의 주주들에게 2억 원을 초과하는 금액을 합병교부금(合併交付金)으로 지급하게 된다면 위나라인터넷 주식회사의 주주총회의 승인을 얻어야 합니다. 또한 위나라인터넷 주식회사의 발행주식총수의 100분의 20 이상에 해당하는 주식을 소유한 주주가 서면으로 오나라인터넷 주식회사와의 합병에 반대하는 의사를 통지한 때에는 위나라인터넷 주식회사는 주주총회의 승인을 얻어야 합니다."[148]

(11) 회사의 분할

❶ 서설

"회사를 합병할 수 있는 것은 물론이며 분할할 수도 있습니다."

"회사의 분할이란 무엇인가요?"

"회사의 분할(分割)이란 하나의 회사를 둘 이상으로 분할하는 것을 말합니다. 단순한 분할은 물론이며[단순분할], 분할하여 합병하거나[분할합병], 분할에 의하여 회사를 설립함과 동시에 합병할 수도 있습니다[신설 및 분할합병].[149] 하나의 회사 내에 여러 분야의 사업을 수행하고 있는 경우 그 회사가 한 가지 사업을 계속 수행하지만 다른 사업을 분리하기 위하여 회사의 분

148 상법527조의3.
149 상법530조의2.

할을 이용할 수 있습니다. 다른 사업을 분리하여 새로운 회사를 신설하는 경우 단순분할이 되며, 그 사업을 다른 회사에 출자하여 그 회사와 합병하는 경우 분할합병이 됩니다."

❷ 단순분할

"조금 전에 합병을 결혼에 비유하였지요. 그렇다면 단순분할은 이혼에 비유할 수 있겠군요."

"그렇습니다. 단순한 분할도 하나의 회사를 둘 이상으로 분할하게 되는 회사구조의 중대한 변화이므로, 회사에 관계되는 다양한 이해관계인의 권리를 보호하기 위하여 다음과 같이 분할계획서의 작성, 대차대조표 등의 공시, 주주총회의 결의, 채권자보호 및 분할등기 등과 같은 절차를 밟아서 회사분할을 추진하여야 합니다."

① 분할계약서의 작성

"가전제품과 컴퓨터를 생산하는 고려전자 주식회사의 자본금은 1조 원이며, 현재 발행주식총수는 1억 주입니다. 고려전자 주식회사가 합병이 아니라 영업을 분리할 것을 계획하고 있다고 가정해보지요. 고려전자 주식회사의 컴퓨터사업 분야의 수익성이 높지만, 가전사업 분야의 경우 그러하지 않습니다. 고려전자 주식회사는 가전사업 분야를 분리하여 가전제품을 생산하는 새로운 회사인 신라전자 주식회사(新羅電子 株式會社)를 설립하려고 합니다. 분할에 의하여 신라전자 주식회사를 설립하는 경우 분할계획서(分割計劃書)에는 중요한 분할계획을 기재하여야 합니다.[150] 분할 후 존속하는 회사인 고려전자 주식회사에 관하여 자본이 2천5백억 원 감소된다는 것과 발행주식총수가 7천5백만 주라는 것, 신라전자 주식회사가 분할 당시

150 상법530조의5.

에 발행하는 주식의 총수가 2천5백만 주라는 것과 신라전자 주식회사에 이전될 재산은 가전제품공장이라는 것 등을 기재하여야 합니다. 이러한 사항을 포함하여 다음과 같은 분할계획서를 작성하게 되겠지요."

분 할 계 획 서

가전사업과 컴퓨터사업을 하고 있는 고려전자 주식회사가 경영의 합리화를 위하여 가전사업 분야를 분리하여 신라전자 주식회사를 설립하고자 한다.

제1장 설립되는 회사

제1조 (회사의 상호) 회사의 상호는 신라전자 주식회사라고 한다.

제2조 (회사의 목적) 회사는 다음 사업을 영위함을 목적으로 한다.

1. 가전제품의 생산
2. 가전제품의 유통
3. 가전제품과 관련된 기술개발
4. 위 각 사업의 목적을 달성하기 위하여 직접 또는 간접적으로 관련되는 사업 일체

제3조 (회사가 발행할 주식의 총수) 회사가 발행할 주식의 총수는 보통주식 한 종류 1억주로 한다.

제4조 (1주의 금액) 회사가 발행할 모든 주식의 1주의 액면가는 일만원으로 한다.

제5조 (분할 시에 발행하는 주식의 총수) 분할 시에 발행하는 주식의 총수는 보통주식 2,500만주로 한다.

제6조 (본점의 소재지) 회사의 본점은 서울특별시 내에 둔다.

제7조 (공고의 방법) 회사의 공고는 서울특별시 내에서 발행되는 일간중앙일보에 게재한다.

제8조 (주식의 배정) 신라전자 주식회사는 기명식 보통주식 2,500만주를 발행하여 분할기일 현재 고려전자 주식회사의 주주명부에 기재되어 있는 주주에게 그가 소유하는 고려전자 주식회사의 주식 4주에 대하여 신라전자 주식회사의 주식 1주의 비율로 배정 교부한다

제9조 (자본금과 준비금) 신라전자 주식회사의 자본금은 2,500억원으로 하고, 준비금은 100억원으로 한다.

제10조 (이전될 재산과 그 가액) 고려전자 주식회사는 수원시에 소재한 가전제품 생산 공장의 대지, 건물, 생산설비, 원료 등 일체와 수원시에 소재한 본사건물 중 16층부터 20층까지의 소유권을 신라전자 주식회사에 이전하며 그 가액은 2,600억원으로 한다.

제2장 존속하는 회사

제11조 (감소할 자본과 준비금의 액) 고려전자 주식회사의 감소하는 자본의 액은 2,500억원으로 하며, 감소되는 준비금의 액은 100억원으로 한다.

제12조 (자본감소의 방법) 주식을 병합하여 자본을 감소한다.

제13조 (이전할 재산과 그 가액) 제1장 제10조와 동일하다.

제14조 (분할 후의 발행주식총수) 발행주식총수는 7천5백만주가 된다.

2001년 10월 1일

고려전자 주식회사 대표이사 복지겸 ㉐

이사 홍 유 ㉐

이사 배현경 ㉐

② 분할대차대조표 등의 공시

"고려전자 주식회사의 이사는 분할승인결의를 위한 주주총회 회일의 2주간 전부터 분할계획서 등을 고려전자 주식회사의 본점에 비치토록 하고 고려전자 주식회사의 주주나 채권자는 분할계획서 등을 열람할 수 있습니다.[151] 이는 고려전자 주식회사의 주주들과 채권자들에게 분할에 대하여 참고할 자료를 제공하기 위한 것입니다."

③ 주주총회의 결의

"고려전자 주식회사의 분할은 회사구조의 중대한 변화로서 주주에게 커다란 영향을 미치므로 주주총회의 특별결의를 얻어야 합니다.[152] 그러나 단순분할의 경우 반대하는 소수주주에게 주식매수청구권이 인정되지 않습니다."

"왜 단순분할의 경우에는 주식매수청구권이 인정되지 않습니까?"

"분할 후 회사의 주식이 주식평등의 원칙에 따라 주주들에게 교부되므로 주주의 권리에 변동이 없기 때문입니다.

예를 들어 살펴보도록 하지요. 분할 전 고려전자 주식회사의 자본금은 1조 원이며, 발행주식총수는 1억 주입니다. 앞의 분할계획서에 따르면 존속하는 고려전자 주식회사의 주식수가 2천5백만 주 감소하는 대신에 신설되는 신라전자 주식회사의 주식 2천5백만 주를 발행하게 됩니다. 그리고 고려전자 주식회사의 주식 4주에 대하여 신라전자 주식회사의 주식 1주가 교부됩니다. 이러한 비율에 의하면 고려전자 주식회사의 주식 100만 주를 소유한 자에게는 신라전자 주식회사의 주식 25만 주가 교부됩니다. 대신 소유하게 되는 고려전자 주식 수는 75만

151 상법530조의7.
152 상법530조의3.

주가 되겠지요. 분할 전 고려전자 주식회사의 주식 100만 주를 소유하였던 주주는 회사에 대하여 1억분의 1백만, 즉 1%의 지분을 행사할 수 있었습니다. 분할 후 고려전자 주식회사에 대하여 7천5백만 분의 75만, 즉 1%의 지분을 행사할 수 있으며, 신라전자 주식회사에 대하여 2천5백만 분의 25만, 즉 1%의 지분을 행사할 수 있습니다. 분할 전이나 분할 후나 동일하게 1%의 지분을 행사할 수 있게 되는 것이지요."

"만약 고려전자 주식회사의 감소하게 되는 주식수가 달라진다면 어떻게 되나요?"

"동일합니다. 고려전자 주식회사의 주식수가 2천만 주가 감소되는 대신에 신라전자 주식회사의 주식 2천만 주를 발행한다고 가정해보지요. 고려전자 주식회사의 주식 5주에 대하여 신라전자 주식회사의 주식 1주가 교부됩니다. 이러한 비율에 의하면 고려전자 주식회사의 주식 100만 주를 소유한 자에게는 신라전자 주식회사의 주식 20만 주가 교부됩니다. 대신 소유하게 되는 고려전자 주식 수는 80만 주가 되겠지요. 분할 전 고려전자 주식회사의 주식 100만 주를 소유하였던 주주는 회사에 대하여 1억분의 1백만, 즉 1%의 지분을 행사할 수 있었습니다. 분할 후 고려전자 주식회사에 대하여 8천만 분의 80만, 즉 1%의 지분을 행사할 수 있으며, 신라전자 주식회사에 대하여 2천만 분의 20만, 즉 1%의 지분을 행사할 수 있습니다. 분할 전이나 분할 후나 동일하게 1%의 지분을 행사할 수 있게 되는 것이지요."

④ 채권자 보호

"분할 전에는 영업실적이 저조한 가전부문의 채권자이든 수익성이 높은 컴퓨터부문의 채권자이든 고려전자 주식회사에 대하여 채권을 행사할 수 있었습니다. 분할 전 가전부문의 채권자는 고려전자 주식회사를 신뢰하고 납품한 것이지요. 분할 이후에는 고려전자 주식회사와 신라전자 주식회사가 별개의 법인이 되지만, 고려전자 주식회사를 신뢰하고 거래한 채권자를 보호할 필요가 있습니다."

"어떻게 보호받을 수가 있나요?"

"고려전자 주식회사가 신라전자 주식회사와 함께 분할 전의 가전사업 분야의 채권자와 컴퓨터사업 분야의 채권자에 대하여 연대하여 변제할 책임을 지게 됩니다.[153]

그러나 고려전자 주식회사는 컴퓨터사업 분야에 관한 채무만을 변제하고 신라전자 주식회사는 가전사업 분야에 관한 채무만을 부담하는 것도 가능합니다. 고려전자 주식회사가 가전사업 분야의 채권자에 대하여 변제할 책임을 지지 않는 경우 회사채권자보호절차를 밟아야 합니다. 고려전자 주식회사는 회사를 분할한다는 것을 채권자들에게 공고하거나 통지를 하여야 하며 채권자가 이의를 제출한 때에는 그 채권자에게 변제하거나 상당한 담보를 제공하여야 합니다."[154]

⑤ 분할등기

"이러한 절차가 끝나면 고려전자 주식회사는 변경등기를 하여야 하며, 신라전자 주식회사는 설립등기를 하여야 합니다.[155] 이는 분할과 관련된 고려전자 주식회사 주주, 채권자 등 많은 이해관계인에 대한 법률관계를 획일적으로 규율하기 위하여 등기에 의하여 분할의 효력이 발생하도록 한 것입니다."

153 상법530조의9.
154 상법530조의9.
155 상법530조의11.

4. 어음 · 수표

(1) 어음상의 권리와 원인관계상의 권리

❶ 어음상의 권리

"여기서는 어음상의 권리와 원인관계상의 권리에 대하여 살펴보기로 하지요. 먼저 어음상의 권리에 대하여 고찰하지요. 왕건이 만기(滿期)가 2007년 3월 6일인 약속어음을 발행하여 견훤에게 교부하였다고 가정해보지요. 견훤은 왕건이 발행한 약속어음을 소지하고 있으므로, 왕건에게 어음상의 권리를 행사할 수 있습니다. 다음과 같은 어음을 소지한 견훤은 만기로부터 3년이 경과하여 소멸시효가 완성되기 이전에 왕건에게 어음상의 권리를 행사하여 어음금의 지급을 받을 수 있습니다."[156]

약속어음

NO. 7

견훤 앞

일금	일천만원 정	₩10,000,000

위의 금액을 견훤 또는 그 지시인에게 이 약속어음과 상환하여 지급함.

발행일	2006. 12. 6.	지급일 2007. 3. 6.
지급지	서울특별시	
지급장소	서울특별시 개성구 후삼국은행 고려동지점	
발행지	서울특별시	
발행인	왕건 ㉞	

156 어음법70조, 77조.

"견훤이 배서(背書)에 의하여 어음을 김경순에게 양도한다고 생각해보지요. 통상의 배서에는 어음금의 지급을 담보(擔保)하는 효력이 있습니다. 김경순은 어음 이면에 다음과 같은 배서를 거친 어음을 취득하게 됩니다."

				앞의 금액을 김경순 또는 그 지시인에게 지급하여 주십시오. 2007년 1월 3일 견훤 ㊞

"어음소지인 김경순은 어음을 다른 사람에게 양도하거나 자신이 권리를 행사할 수 있습니다. 김경순은 만기로부터 3년이 경과하여 소멸시효가 완성되기 이전에 왕건에게 어음상의 권리를 행사하여 어음금을 지급받을 수 있습니다. 왕건의 부도로 인하여 어음금을 지급받을 수 없는 경우 김경순은 소구권을 행사할 수 있습니다.

소구(遡求)란 거슬러 올라가[遡] 구(求)하는 것 즉 어음금의 지급이 거절되었을 때 또는 지급 가능성이 현저히 감소하였을 때 소지인이 전자(前者)에게 어음금액의 지급을 청구하는 것입니다. 상환청구라고도 하지요. 어음거래의 안전을 보호하기 위하여 소구제도를 인정하고 있습니다.

김경순은 배서인 견훤에게 소구권을 행사할 수 있습니다. 다만 소구권을 행사하기 위해서는 김경순이 지급을 할 날 또는 이에 이은 2거래일(去來日) 내에 지급을 위한 제시를 하여야 합니다.[157] 김경순이 소지한 어음의 지급을 할 날은 2007년 3월 6일이므로 이날부터 3월 8일 내에 후삼국은행 고려동지점에서 지급을 위하여 어음을 제시하여야 합니다."

"만약 지급제시기간을 경과한 후에 어음을 제시하면 어떻게 되나요?"

"이러한 지급제시기간(支給提示期間)을 경과한 후에 어음을 제시하면 소구권(遡求權)을 행사할 수 없습니다."[158]

"불과 며칠 동안 권리를 행사하지 아니하면 권리가 소멸되는군요."

"그렇습니다. 주의해야 할 사항입니다."

"왜 그렇게 권리행사기간을 짧게 하고 있는 것인가요?"

"여기서는 왕건 → 견훤 → 김경순의 순으로 어음이 유통되는 예를 간명하게 들었습니다. 그러나 보다 많은 사람들이 어음의 유통에 관여할 수 있습니다. 예를 들어 호동(好童) → 온달(溫達) → 낙랑(樂浪) → 평강(平岡) → 최리(崔理) → 왕건 → 견훤 → 김경순 등의 순으로 어음이 유통될 수 있습니다. 호동이 발행한 약속어음을 소지한 김경순이 호동에게 어음금의 지급을 청구하였지만 거절된 경우 김경순은 자신의 전자인 온달, 낙랑, 평강, 최리, 왕건 및 견훤 전원 또는 그중 두 세 사람 혹은 1인에게 소구권을 행사할 수 있습니다.[159] 이처럼 많은 사람들이 어음상의 권리의무에 관여될 수 있으므로, 이들의 권리의무관계를 신속하게 확정시키기 위해 권리행사기간을 짧게 하는 것입니다."

157 어음법38조1항.
158 어음법53조1항.
159 어음법47조.

❷ 원인관계상의 권리

① 다양한 원인관계

“왕건이 어음을 발행하여 견훤에게 교부하는 원인은 증여, 매매, 위탁매매 및 보관료 지급 등 다양하게 존재할 수 있는 바, 특별한 사유가 없다면 견훤은 이 원인관계에 따라서 권리를 행사할 수 있습니다. 어음을 발행하는 원인에 따라 채권자가 원인관계상의 권리를 행사하는 기간이 구체적으로 달라질 수 있습니다.

견훤이 왕건에게 외상으로 상품을 매도하고, 왕건이 약속어음을 발행하여 견훤에게 교부하였다고 하지요. 왕건이 매매대금을 지급하기 위하여 어음을 발행하였다면 매매가 원인이 되어 어음을 발행한 것입니다. 매도인 견훤은 원인관계에 따라 매매대금의 지급을 청구할 수 있는 권리를 갖습니다. 매도인 견훤이 상인인 경우 판매한 상품의 대가에 관한 채권의 소멸시효는 3년입니다.[160] 견훤이 권리를 행사할 수 있는 날로부터 3년간 권리를 계속 행사하지 아니한다면 견훤의 권리가 소멸합니다.”

왕건이 상품의 대가를 지급하기 위하여 어음을 발행하여 상인 견훤에게 교부한 경우

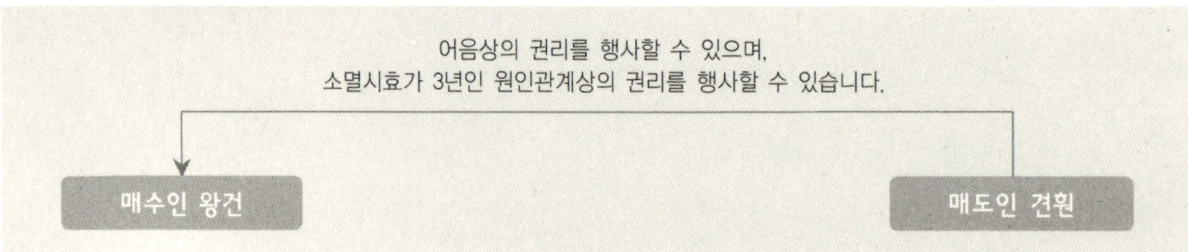

160 민법163조6호.

"견훤이 위탁매매인 왕건에게 물건의 매매를 위탁한다고 가정해보지요. 왕건이 자기명의로써 견훤의 계산으로 이성계에게 물건을 매도하는 경우 왕건은 견훤에게 대금지급의무를 부담하게 됩니다. 왕건이 견훤에게 어음을 발행하여 교부하였다면 이 경우 어음의 발행이 되는 원인은 매매의 위탁이라고 할 수 있습니다.

대법원에 따르면 위탁매매인의 대금지급의무는 상인이 판매한 상품의 대가에 해당하지 아니하여 일반적인 상법상 시효가 적용되므로 이 경우의 소멸시효는 5년입니다.[161] 따라서 위탁자 견훤의 원인관계상 대금지급청구권에 대해서는 5년의 소멸시효가 적용됩니다."

위탁매매인 왕건이 매매의 위탁에 관한 대금을 지급하기 위하여 어음을 발행하여 위탁자 견훤에게 교부한 경우

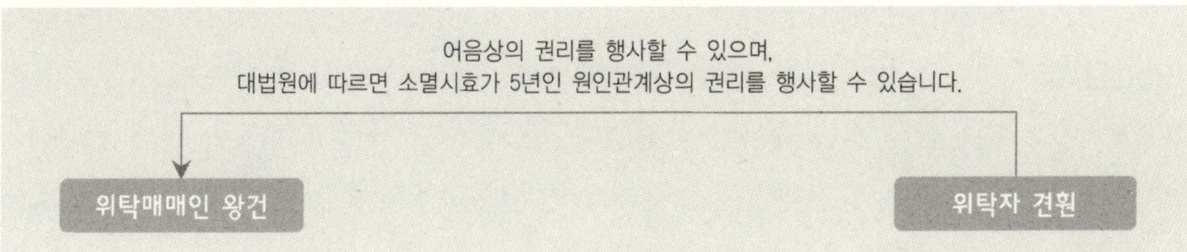

"왕건이 창고업자 견훤이 보관하던 자신의 물건을 출고하면서 보관료를 지급하기 위하여 약속어음을 발행하여 견훤에게 교부한 경우 그 물건을 출고한 날로부터 1년 내에 권리를 행사하지 아니하면 보관료청구권의 소멸시효가 완성됩니다."[162]

161 상법64조.
162 상법167조.

왕건이 창고업자 견훤에게 보관료를 지급하기 위하여 어음을 발행하여 교부한 경우

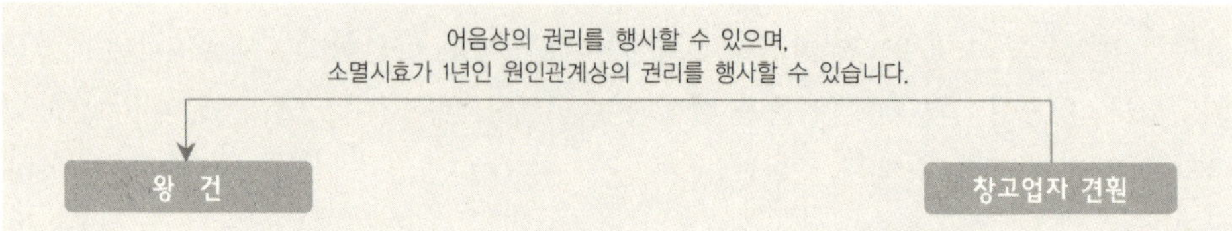

"왕건이 물건을 매수하면서 변제에 갈음하여 견훤에게 어음을 발행하여 교부한 경우도 존재할 수 있습니다. 이 경우를 채무의 지급 자체로서 어음이 수수(授受)된 경우 또는 변제에 갈음하여 어음이 수수된 경우라고 합니다. 이 경우는 대물변제에 해당됩니다.

대물변제(代物辨濟)란 본래의 물건(物件)의 인도에 대신(代身)하는 변제(辨濟)를 의미합니다. 왕건이 견훤에게 900만 원의 금전채무를 이행하는 대신 약속어음을 발행하는 예를 들 수 있습니다. 이 경우 왕건의 본래의 채무인 금전채무는 소멸하고 새로운 채무만 남게 됩니다. 즉, 대물변제에 해당되는 경우 원인채권은 소멸하고 어음채권만 남게 됩니다. 원인채권은 소멸하므로, 어음의 소지인은 어음상의 권리만을 행사할 수 있습니다."

왕건이 변제에 갈음하여 견훤에게 어음을 발행하여 교부한 경우

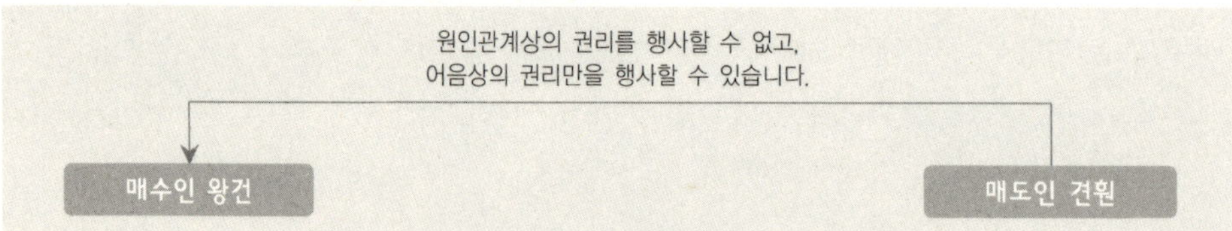

② 원인관계의 하자

“견훤이 왕건에게 상품을 매도하고, 왕건이 약속어음을 발행하여 견훤에게 교부하였으며, 만기가 되었습니다. 그러나 견훤이 매도한 물건에 중대한 하자가 있어 왕건이 하자의 보완을 요구하였지만, 견훤이 하자담보책임(瑕疵擔保責任)을 이행하지 못하였습니다. 견훤이 왕건에게 어음금의 지급을 청구한 경우 왕건은 견훤에게 어음금의 지급을 거절할 수 있습니다. 견훤이 매도한 물건의 하자는 원인관계상의 하자라 할 수 있는 바, 이러한 원인관계상의 하자가 어음관계에 영향을 미치게 되므로, 왕건이 견훤에게 어음금의 지급을 거절할 수 있습니다.”

어음을 발행한 원인관계에 중대한 하자가 있는 경우 당사자 간의 관계

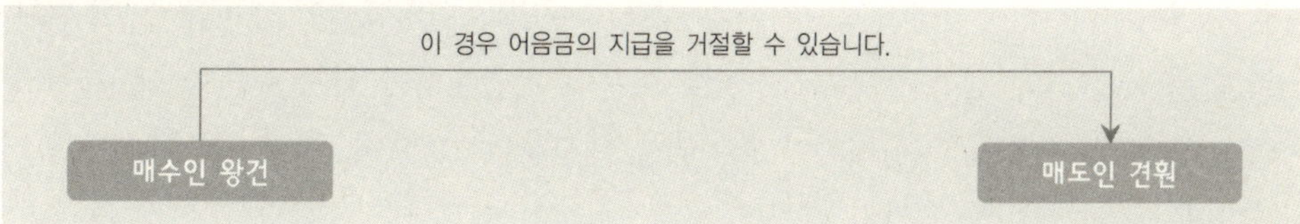

“왕건이 발행한 어음을 취득한 견훤이 배서에 의하여 그 어음을 김경순에게 양도하였다고 생각해보지요. 김경순이 어음금의 지급을 청구한 경우 견훤이 양도한 물건에 중대한 하자가 있다 하더라도 왕건은 원칙적으로 김경순에게 어음금을 지급할 책임을 부담합니다.”

어음을 발행한 원인관계에 중대한 하자가 있는 경우 제3자에 대한 관계

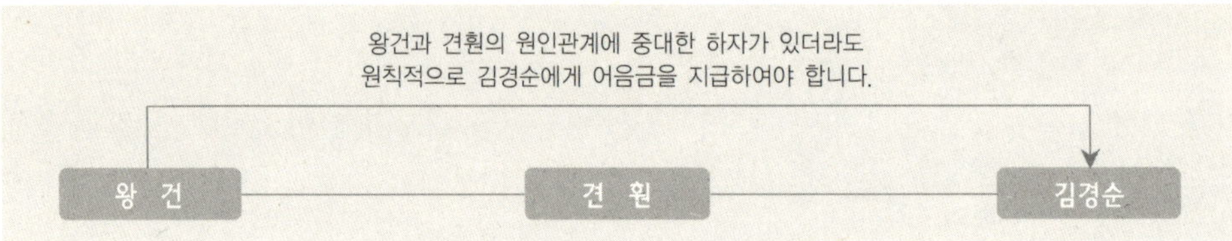

③ 소구의무의 불이행과 원인관계상의 권리

"왕건이 상품을 매수하면서 어음을 발행하여 견훤에게 교부하였습니다. 견훤은 김경순으로부터 금전을 대여받고 배서에 의해 어음을 교부하여 김경순이 어음을 소지하고 있습니다. 김경순은 왕건에 대한 어음상의 권리, 견훤에 대한 소구권과 원인채권인 대여금채권을 행사할 수 있었습니다. 그러나 김경순은 지급기일에 어음의 지급제시를 하지 아니함으로써 소구권보존의무(遡求權保存義務)를 게을리하여 소구권을 행사할 수 없으며, 지급기일 이후에 왕건이 파산하여 무자력(無資力)이 되었기 때문에 왕건으로부터 어음금을 지급받을 수 없습니다. 이 경우 김경순은 견훤에게 원인채권을 행사하여 변제받을 수 있을까요?"

"……."

"견훤이 대여금을 반환하고 김경순으로부터 어음을 반환받는다고 생각해보지요. 견훤이 어음을 반환받은 후 발행인 왕건에게 채권을 행사한다 하더라도 왕건의 자력이 악화되었기 때문에 채권을 변제받지 못하는 손해를 당하게 됩니다. 견훤이 이러한 손해배상채권으로서 기존의 대여금반환채무와 상계(相計)할 수 있느냐는 문제가 제기됩니다."

손해를 당한 원인채무자가 소구의무 불이행자에게 상계할 수 있나?

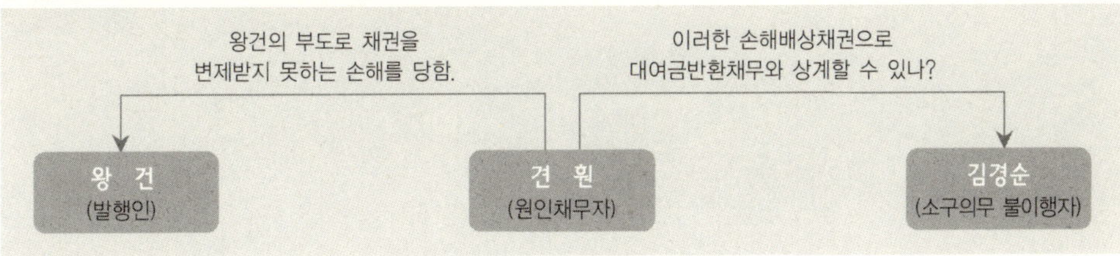

"상계란 무엇인가요?"

"상계란 상호 간에 계산하여 결제한다는 의미입니다. 즉 채무자가 채권자에 대하여 동종(同種)의 채권을 갖는 경우 동일한 금액의 채권과 채무를 소멸시키는 채무자의 일방적인 의사표시를 의미합니다.[163] 이와 관련하여 견훤이 자신이 당한 손해액과 대여금반환채무액을 소멸시킬 수 있느냐는 문제가 제기됩니다.

대법원은 '특별한 사정으로 인한 손해는 채무자가 그 사정을 알았거나 알 수 있었을 때에 한하여 배상의 책임이 있다'는 민법 제393조 제2항을 적용하여 이 문제를 해결하고 있습니다. 대법원에 따르면 견훤의 손해는 발행인 왕건의 자력의 악화라는 특별한 사정으로 인한 손해입니다. 어음의 지급기일에 어음발행인 왕건의 자력이 악화될 것임을 김경순이 알았거나 알 수 있었을 때에 손해를 배상할 책임이 있습니다. 소구권 보전의무를 불이행한 김경순이 어음의 지급기일에 장차 어음발행인 왕건의 자력이 악화될 것임을 알 수 있었다는 것을 인정할 자료가 없다면 김경순은 견훤에게 손해배상책임을 부담하지 아니한다고 합니다."

163 민법492, 493조.

대법원 판결[164]

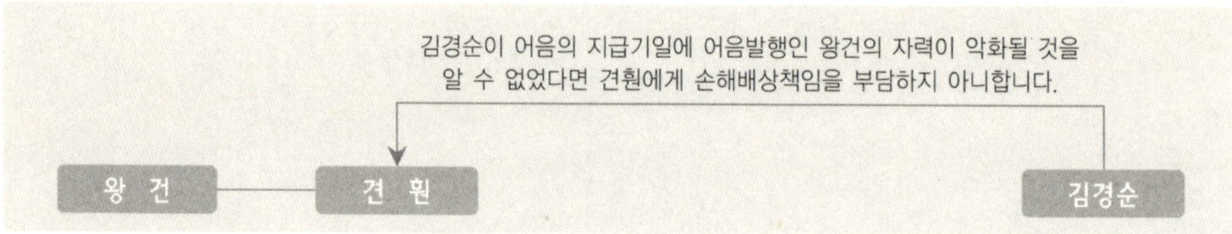

"대법원에 따르면 이러한 사실을 입증할 자료가 없으면 김경순은 손해배상책임을 부담하지 아니하지만, 원인관계상의 채무자 견훤에게 원인채권을 행사하는 것이 가능하다고 합니다.

그러나 원인관계상의 채권자 김경순이 채무자 견훤에게 원인채권을 행사할 수 있지만, 견훤이 김경순에게 손해배상을 청구할 수 없다는 판결이 타당한가를 검토할 필요가 있습니다. 이 사례에서 견훤은 법이 정한 의무를 위반하지 아니하였지만, 김경순은 법이 정한 의무인 소구권 보전의무를 태만히 하였습니다. 법이 정한 의무를 위반하지 아니한 견훤과 법이 정한 의무를 위반한 김경순 중 누구를 보호해야 할까요? 만약 김경순을 보호해야 한다면 그 이유는 무엇일까요?"

(2) 이득상환청구권

❶ 어음에 관한 이득상환청구권

"어음법과 수표법에서는 이득상환청구권에 대하여 규정하고 있습니다."

164 1995. 10. 13. 선고 93다12213 판결.

"처음 들어보는 말이군요."

"이득상환청구권(利得償還請求權)이란 이득의 상환을 청구할 수 있는 권리 즉 어음·수표상의 권리가 권리보전절차의 흠결 또는 시효로 인하여 소멸한 경우 어음·수표의 소지인이 어음·수표채무자가 받은 이득의 상환을 청구할 수 있는 권리를 말합니다.[165]

그러나 대법원의 판결을 자세하게 살펴보면 형식적으로는 어음에 관한 이득상환청구권을 인정하고 있는 것처럼 보이지만, 실질적으로는 인정하고 있지 않습니다. 사례와 관련하여 판결의 내용을 살펴보지요.

왕건이 창고업자 견훤이 보관하던 자신의 물건을 출고하면서 보관료를 지급하기 위하여 금액이 일백만 원인 약속어음을 발행하여 견훤에게 교부한 경우를 생각해보지요. 그 물건을 출고한 날로부터 1년간 권리를 행사하지 아니하면 보관료청구권의 소멸시효가 완성됩니다.[166] 견훤이 왕건에게 물건을 출고한 날로부터 1년간 권리를 행사하지 아니하면 보관료채권의 소멸시효가 완성되어 보관료채권이 소멸하게 되며, 약속어음의 발행인 왕건에게 만기의 날로부터 3년간 권리를 행사하지 아니하면 어음상의 권리가 소멸하게 됩니다. 견훤이 여러 해 동안 권리를 행사하지 아니한다면 먼저 원인관계에 있는 채권의 소멸시효가 완성되어 이 채권이 소멸한 후 어음채권 역시 소멸시효가 완성되어 소멸하게 됩니다. 이 경우 견훤이 어음에 관한 이득상환청구권을 행사할 수 있을까요?"

"그럴 수 있을 것 같군요."

"어음법은 약속어음 소지인의 발행인에 대한 이득상환청구권을 인정하고 있습니다. 대법원에 따르면 어음 소지인이 어음상 또는 민법상 하등의 구제방법이 없는 경우 발행인이 이득을

165 어음법79조, 수표법72조.
166 상법167조.

취득하는 것은 불공평하다는 원칙에서 나온 것이라고 합니다. 따라서 이득상환청구권이 발생하기 위해서는 모든 어음상 또는 민법상의 채무자에 대하여 권리가 소멸되어야 합니다.

그러나 어음상의 권리가 소멸한 후에 원인관계상의 권리가 소멸한 경우 어음소지인은 어음채권의 소멸 당시에 원인관계상의 권리를 행사할 수 있었으므로 구제방법을 상실한 것이 아니며, 채무자의 이득은 어음상의 권리의 소멸에 의한 것이 아니므로 이득상환청구권이 발생할 여지가 없다고 합니다. 또한 먼저 원인채권이 소멸한 후 어음채권이 시효로 인하여 소멸한 경우에도 마찬가지라고 합니다.[167]

따라서 대법원에 따르면 견훤은 원인채권과 어음채권이 소멸한 후 왕건에게 이득상환청구권을 행사할 수 없습니다."

"대법원 판결이 타당한가요?"

"주된 어음채무자인 약속어음의 발행인에 대한 어음금지급청구권과 민·상법상의 다양한 권리의 시효기간을 비교하면서 검토해보지요. 어음소지인은 약속어음의 발행인이나 환어음의 인수인에 대하여 3년이란 시효기간 내에는 어음금의 지급을 청구할 수 있습니다. 어음의 주된 채무자에 대한 시효가 3년인 바, 민법상 채권의 소멸시효는 원칙적으로 10년이며,[168] 상법상 채권의 소멸시효는 원칙적으로 5년인 점을 비교한다면,[169] 3년의 시효는 비교적 단기의 시효라고 할 수 있습니다. 그러나 민법과 상법은 이보다 짧은 다양한 단기의 소멸시효를 인정하고 있지요. 민법은 다양한 채권에 관하여 3년(163조)과 1년(164조)의 소멸시효를 규정하고 있으며, 상법은 2년(662조), 1년(121조, 147조, 662조) 또는 6개월(154조) 등의 소멸시효를 규정하고 있습니다. 어음의 주된 채무자에 대한 시효와 동일하거나 이보다도 단기인 다양한 소멸시

167 대법원 2000. 5. 26. 선고 2000다10376 판결, 대법원 1993. 3. 23. 선고 92다50942 판결 등.
168 민법162조1항.
169 상법64조.

효를 인정하고 있는 민·상법의 규정과 비교해본다면 주된 채무자에 대한 어음의 시효기간이 지나치게 단기인 것은 아닙니다. 이러한 점에 비추어 생각할 때 어음에서 발생하는 이득상환청구권에 관한 대법원의 견해에는 일리가 있습니다.

위 사례에서는 견훤이 어음을 소지하던 중 어음의 소멸시효가 완성하여 어음채권이 소멸하였는 바, 3년이라는 기간 동안 권리를 행사할 수 있었음에도 불구하고 권리 위에 잠자고 있었던 견훤을 보호하는 것이 과연 타당한지를 생각해볼 필요가 있습니다."

❷ 자기앞수표에 관한 이득상환청구권

"은행이 발행한 자기앞수표의 이득상환청구권에 대하여 살펴보지요.

이완용은 대한제국은행(大韓帝國銀行)이 2006년 11월 30일 발행한 액면금액 오백만 원인 자기앞수표를 소지하고 있었습니다. 이완용은 2006년 12월 20일 지갑을 소매치기당하여 자기앞수표를 분실하게 되었습니다. 그 다음 날 귀금속상 이준은 순금 패물을 팔며 그 대금으로 이완용이 분실한 자기앞수표를 교부받았습니다. 대한제국은행에 전화를 걸어 사고수표인지의 여부를 조회하여 아무런 이상이 없는 수표라는 확인을 받고, 그 수표를 취득한 것입니다. 이완용은 2006년 12월 22일 대한제국은행에 자기앞수표를 분실하였다는 것을 신고하였습니다. 이준이 취득한 자기앞수표에 대하여 수표상의 권리 또는 이득상환청구권을 행사할 수 있을까요?"

"……."

"대답하기 어려운 질문을 하였군요. 먼저 수표상의 권리에 대하여 살펴보지요. 국내에서 발행하고 지급할 수표는 발행일로부터 10일 내에 지급을 위한 제시를 하여야 합니다.[170] 어음법의 규정이나 민·상법의 규정과 비교해 볼 때 수표상의 권리는 상당히 단기간 내에 소멸되는 것을 알 수 있습니다. 이러한 지급제시기간이 경과하면 수표상의 권리가 소멸하게 되므로, 자기앞수표를 분실한 당시 이완용은 수표상의 권리가 소멸한 자기앞수표를 소지하고 있었던 것입니다.

대법원에 따르면 수표상의 권리가 상실한 당시의 정당한 소지인으로서 수표상의 권리를 행사할 수 있었던 자는 이득상환청구권을 행사할 수 있으므로, 이완용은 자기앞수표에서 발생한 이득상환청구권을 행사할 수 있었습니다."

"그러면 이준은 자기앞수표에서 발생한 이득상환청구권을 행사할 수 있습니까?"

"대법원에 따르면 지급제시기간이 경과한 후 소매치기당한 수표에서 발생한 이득상환청구권은 선의취득의 대상이 될 수 없습니다.[171] 따라서 이준이 분실된 수표를 취득한 당시에 선의이며 중과실이 없었다 하더라도 자기앞수표에 관한 이득상환청구권을 취득할 수 없습니다. 도난당한 수표를 양도한 자에게 책임을 추궁하여야 하지만, 도난된 수표를 양도한 자의 소재를 파악하기가 용이하지 아니하며, 설사 양도인의 소재를 파악한 경우라도 양도인에게 자력(資力)이 없다면 현실적인 권리의 행사가 불가능합니다."

"대법원 판결이 타당한가요?"

"은행이 발행한 자기앞수표는 수표상의 권리이든 이득상환청구권이든 간에 구별하지 않고 현금과 같이 널리 양도되고 있습니다. 이러한 거래의 실정을 고려한다면 은행이 발행한 자기앞수표를 취득하는 사람을 보호하여야 합니다. 따라서 제시기간이 경과한 경우에도 선의이며

170 수표법29조.
171 대법원 1981. 6. 23. 선고 81다167 판결, 대법원 1980. 5. 13. 선고 80다537 판결.

중과실 없이 자기앞수표를 취득한 이준에게 자기앞수표에서 발생하는 이득상환청구권의 선의취득을 인정할 필요가 있습니다."

(3) 기한후배서

"기한후배서에 관한 문제를 살펴보지요. 당태종(唐太宗)이 상품의 대가에 관한 채무를 변제하기 위하여 약속어음을 발행하여 당현종에게 교부하였는 바, 다음과 같이 액면금액이 일천만 원이며, 만기가 2007년 3월 6일이며, 지급장소가 당나라은행 장안동지점입니다."

약속어음

NO. 8

당현종 앞

일금 일천만원 정 ₩10,000,000

위의 금액을 당현종 또는 그 지시인에게 이 약속어음과 상환하여 지급함.

발행일 2006. 12. 6. 지급일 2007. 3. 6.

지급지	서울특별시
지급장소	서울특별시 당나라은행 장안동지점
발행지	서울특별시
발행인	당태종 ㉣

"양귀비는 당현종에게 긴급한 사업자금을 융통해달라고 부탁하였습니다. 당현종은 금전을 지급할 원인채무(原因債務) 없이 단순히 자금의 융통을 위하여 이 어음에 배서하여 양귀비에게 양도하였습니다. 피융통자(被融通者) 양귀비에게 금융을 얻게 할 목적으로 융통자(融通者) 당현종이 어음에 배서한 것입니다. 양귀비는 이 어음을 할인하여 긴급한 사업자금을 조달한 후 다시 회수하여 당현종에게 손해를 끼치지 않겠다고 약속하였습니다. 그러나 양귀비는 2007년 3월 6일 당나라은행 장안동지점에 어음을 제시하고 지급을 청구하였지요. 그 어음의 지급이 거절되고 그 어음에 '지급거절'이라는 스탬프가 찍혔습니다."

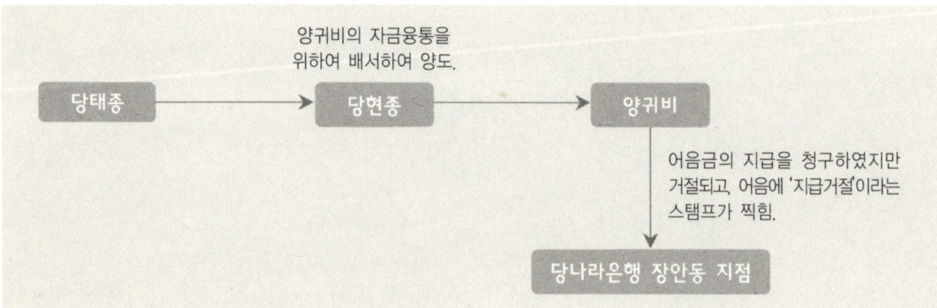

"양귀비는 2007년 3월 7일 이 어음에 배서하여 안록산에게 양도하였습니다. 안록산은 당나라은행 장안동지점에 어음을 제시하지 아니하고, 당현종에게 소구권을 행사하려고 합니다."

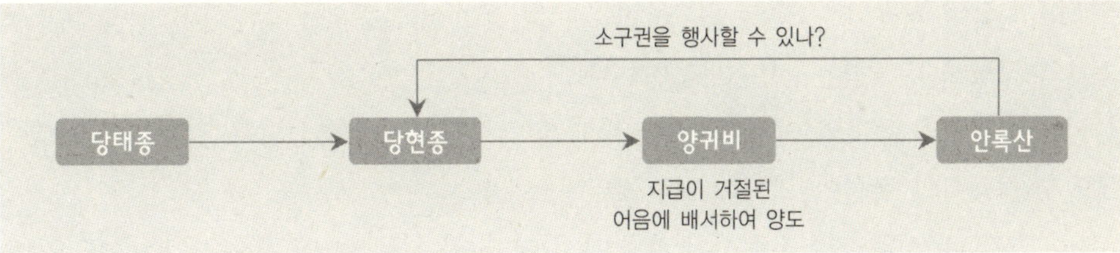

"만기 다음 날인 2007년 3월 7일 양귀비의 배서가 기한후배서인지 만기후배서인지가 문제됩니다.

지급거절증서 작성(支給拒絶證書 作成) 후 또는 지급거절증서 작성기간 경과 후의 배서인 경우 기한후배서인 것이 명확합니다.[172] 그러나 지급이 거절된 사실이 어음면상 명백하지만, 거절증서가 작성되지 아니하였으며, 거절증서 작성기간 내에 배서한 경우 기한후배서인지 만기후배서인지의 문제가 있습니다."

"너무 어렵군요. 거절증서란 말은 처음 들어 보는군요."

"먼저 거절증서에 관한 이야기를 드려야 하겠군요. 만기가 어음에 기재되어 있는 경우 어음의 소지인은 지급을 할 날 또는 이에 이은 2거래일(去來日) 내에 지급을 위한 제시를 하여야 합니다.[173] 지급이 거절된 경우 지급을 할 날에 이은 2거래일 내에 지급거절증서를 작성하여야 합니다.[174]

지급거절증서(支給拒絶證書)란 지급이 거절되었음을 증명하는 서류 즉 어음상의 권리의 행사와 보전에 필요한 행위를 했는데도 불구하고 지급이 거절되었음을 증명하는 서류입니다.

172 어음법20조.
173 어음법38조.
174 어음법44조3항.

어음금의 지급이 거절되는 경우 공증인 또는 집달리가 거절증서를 작성하여야 하지만,[175] 거절증서의 작성을 면제하는 것도 가능합니다.[176]

실제의 어음거래를 보면 거절증서작성의 면제가 보편화되어 있습니다. 당태종이 발행한 어음에도 거절증서의 작성이 면제되었던 것이지요."

"그럼 만기후배서와 기한후배서의 효력에 차이가 있나요?"

"그렇습니다. 기한후배서의 경우 지명채권양도의 효력만이 인정되므로,[177] 인적 항변이 절단되지 않습니다. 그러나 어음법은 만기후배서(滿期後背書)도 통상적인 어음의 유통으로 보아 만기전배서(滿期前背書)와 동일한 효력을 인정하고 있습니다."[178]

"지명채권이란 무엇인가요?"

"지명채권(指名債權)이란 이름[名]을 가리키고 있는[指] 채권, 즉 채권자(債權者)가 특정되어 있는 채권을 의미합니다. 일상적으로 생활하면서 친구에게 돈을 빌리게 되는 경우 지명채권이 성립하게 되는 것입니다. 유오성이 친한 친구인 장동건에게 십만 원을 빌린다고 가정해보지요. 장동건은 유오성에게 십만 원의 지급을 청구할 수 있는 권리를 갖게 됩니다. 이 경우 장동건을 지명채권자(指名債權者)라고 하며, 장동건이 갖고 있는 채권을 지명채권(指名債權)이라고 하지요. 약속어음을 양도하는 경우 유통성(流通性)이 보호되지만, 지명채권을 양도하는 경우에는 유통성이 제한됩니다."

"예를 들면 좋겠습니다."

"먼저 유통성이 보호되는 어음의 경우를 살펴보지요. 앞에서는 인적항변에 관한 구체적인 사례를 살펴보았습니다. 김부자가 발행한 어음을 어수룩이 취득하고, 어수룩은 사기를 당하

175 거절증서령3조.
176 어음법46조1항.
177 어음법20조1항.
178 어음법20조1항.

여 배서에 의하여 어음을 김선달에게 양도하였으며, 김선달은 어음에 배서하여 허풍선에게 양도하였습니다. 허풍선은 김선달이 사기에 의하여 취득한 어음이란 사실을 알지 못하고 어음을 취득한 것이지요. 대법원은 어음소지인이 어음채무자를 해할 것을 알지 못하고 어음을 취득한 경우 어음상의 채무자가 어음소지인에게 대항할 수 없다는 인적항변의 절단에 관한 어음법의 규정을 적용하고 있습니다. 사기에 의해 어음을 양도한 경우 제3자가 선의라면 중대한 과실이 있는 때에도 보호하고 있습니다.[179] 어수룩은 김선달이 어음금의 지급을 청구하는 경우 사기에 의하여 어음이 양도되었다는 인적항변을 할 수 있습니다. 그러나 인적항변이 절단되므로, 어음금을 지급하라는 허풍선에게는 대항할 수 없게 됩니다."

"지명채권의 경우에는 어떻게 되나요?"

"김선달이 어수룩에게 오천만 원을 꿔주고 차용증(借用證)을 받았다고 생각해보지요. 지명채권자(指名債權者) 김선달은 어수룩에게 지명채권을 행사할 수 있습니다. 며칠 후 김선달은 어수룩에게 돈을 돌려달라고 요구하였습니다. 어수룩은 김선달에게 돈을 돌려주면서 김선달로부터 영수증(領收證)을 받았습니다. 김선달이 어수룩에게 돈을 돌려받았으므로, 김선달의 지명채권은 소멸한 것입니다. 그러나 김선달은 허풍선에게 급히 현금이 필요하다면서, 어수룩이 작성한 차용증을 보여주며 오천만 원의 채권을 양도할 것이니 현금 사천만 원을 달라고 허풍선에게 이야기합니다. 김선달의 말을 믿은 허풍선은 현금 사천만 원을 주고 채권이 양도되었다고 생각합니다.

그러나 이 경우 어수룩은 허풍선에게 돈을 지급할 필요가 없습니다. 만약 김선달이 어수룩에게 재차 오천만 원의 지급을 청구한다면 어수룩은 김선달에게 오천만 원을 지급하였다는 항변을 할 수 있겠지요. 지명채권의 경우에는 인적항변이 절단되지 않습니다. 그래서 허풍선

179 대법원 1997. 5. 16. 선고 96다49513 판결.

이 어수룩에게 오천만 원의 지급을 청구하는 경우 어수룩은 김선달에 대한 항변을 허풍선에게도 할 수 있습니다."

"그렇다면 양귀비의 배서가 기한후배서인 경우와 만기후배서인 경우는 큰 차이가 있을 수 있겠군요. 대법원은 어떠한 배서라고 판결하였습니까?"

"대법원에 따르면 적법한 지급거절증서가 작성된 것은 아니며, 양귀비의 배서는 지급거절증서 작성기간 내의 배서이므로, 양귀비의 배서는 만기후배서라고 합니다."

"그렇다면 안록산이 소구권을 행사하여 어음금을 지급받았나요?"

"그렇지는 않습니다.

대법원에 따르면 만기후배서의 피배서인 안록산이 소구의무자 당현종에 대한 소구권을 보전하기 위하여는 만기후배서인 양귀비의 지급제시 여부와 무관하게 안록산이 적법한 지급제시기간 내에 지급제시를 하여야 합니다. 안록산이 적법한 지급제시기간 내에 지급제시를 하지 아니하였으므로, 안록산이 당현종에 대한 소구권을 갖게 되는 것은 아니라고 합니다."

대법원 판결의 법리[180]

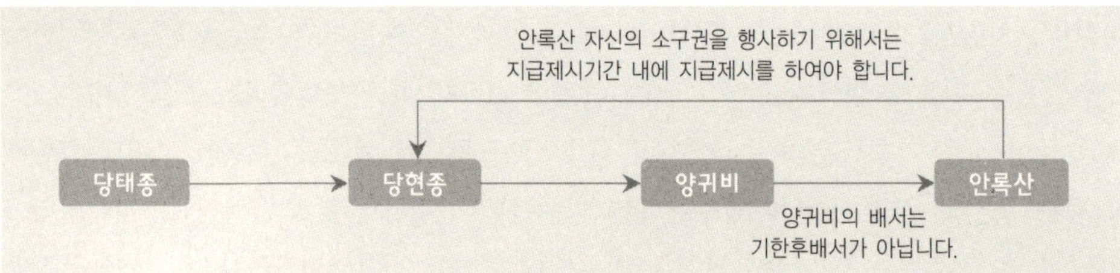

180 2000. 1. 28. 선고 99다44250 판결.

“대법원에 따르면 양귀비가 지급제시하였지만, 지급이 거절된 사실을 안록산이 알고 있었다면, 양귀비가 지급제시함으로써 보전한 소구권을 지명채권의 양도와 같은 효력으로 행사할 수 있다고 합니다. 안록산이 양귀비의 지급제시를 원용하여 소구권을 행사하려는 경우 당현종은 양귀비에 대한 항변사유를 들어 안록산에게 대항할 수 있다고 합니다. 융통자 당현종은 피융통자인 양귀비에게 금융을 얻게 할 목적으로 어음에 배서한 것이며, 양귀비가 소구권을 행사하였다면 당현종이 융통어음이라는 항변사유를 들어 대항할 수 있었습니다. 따라서 대법원에 따르면 이 사안에서 당현종은 안록산의 어음금지급을 거절할 수 있습니다.”

“이러한 대법원 판결은 타당한가요?”

“이 사안에 대한 대법원의 결론은 타당하지만 법리적인 측면에서는 검토할 필요가 있습니다. 안록산은 어음금의 지급이 순조롭지 않다는 사실을 알거나 중과실로 그러한 사실을 알지 못하고 어음을 취득하였습니다. 악의 또는 중과실로 명확하게 지급이 거절된 어음을 취득한 안록산에게 어음거래의 안전을 보호하기 위한 제도를 적용할 필요가 없습니다. 따라서 양귀비의 배서를 기한후배서로 보는 것이 타당합니다.

대법원에 따르면 안록산이 지급제시기간 내에 지급제시를 하였다면 안록산 고유의 소구권이 발생되므로, 인적항변이 절단된 소구권을 행사할 수 있게 됩니다. 그러나 이미 지급이 거절된 사실이 명확하게 표시된 어음을 취득한 안록산이 인적항변이 절단된 소구권을 행사할 수 있다면 악의 또는 중과실로 어음을 취득한 안록산을 보호하는 결과가 초래될 수 있습니다. 악의 또는 중과실이 있는 안록산에게 어음거래의 안전을 보호하기 위한 제도를 적용하지 아니하는 것이 타당하다는 생각이 드는군요.”

(4) 어음 · 수표의 상실과 제권판결

"당현종이 당태종으로부터 교부받은 약속어음을 분실한 후 관할법원인 장안지방법원(長安地方法院)에 대하여 공시최고를 신청하였습니다. 장안지방법원이 공시최고의 신청을 허가하여 다음과 같이 장안일보(長安日報)에 공시최고의 공고를 하게 되었습니다."

<table>
<tr><th colspan="3">공 시 최 고</th></tr>
<tr><td>번 호</td><td>신청인 및 주소</td><td>증서의 중요한 취지</td></tr>
<tr><td>2007카
공11</td><td>당현종
장안시 장안동 1-1</td><td>종 류 : 약속어음 번 호 : 가가101 금액 : 일천만원
발행인 : 당태종 발행일 : 2007년 2월 2일
지급일 : 2007년5월2일 최후소지인 : 당현종</td></tr>
<tr><td colspan="3">상기 기재 증서의 소지인은 공시최고기일인 2007년 5월 22일 10 : 00까지 이 법원에 권리 또는 청구의 신고를 하고 그 증서를 제출하기 바랍니다. 만일 이를 게을리하면 권리를 상실하여 증서의 무효가 선고될 수 있습니다.

2007년 2월 26일
장안지방법원 법관 포청천</td></tr>
</table>

"공시최고기일인 2007년 5월 22일 10:00까지 장안지방법원에 권리의 신고가 없으며, 당현종의 신청이 이유 있다고 인정된 때 장안지방법원은 분실된 어음에 대하여 제권판결을 선고합니다. 제권판결(除權判決)이란 권리를 제거하는 판결, 즉 어음이나 수표상에 표창된 권리를

제거하는 판결입니다. 제권판결의 효력으로 당현종이 분실한 어음은 무효가 되므로, 제권판결 이후에는 어음에 대한 선의취득이 인정되지 않습니다. 만약 제권판결이 내려진 이후에 조광윤이 선의로 중대한 과실 없이 분실된 어음을 취득하였다 하더라도 어음에 대한 권리를 행사할 수 없습니다. 제권판결을 받게 된 당현종은 분실한 어음 없이도 권리를 행사할 수 있습니다."

(5) 제권판결 전 선의취득자와 제권판결취득자의 권리관계

"약속어음의 발행인 당태종으로부터 교부받은 약속어음을 분실한 당현종은 관할법원인 장안지방법원에 대하여 공시최고절차의 신청을 한 후 제권판결을 얻었습니다. 그런데 제권판결이 내려지기 이전에 조광윤이 중대한 과실 없이 선의로 어음을 취득하였습니다. 조광윤은 어음의 양도인의 형식적 자격을 신뢰하고, 양도인으로부터 어음을 중대한 과실 없이 취득한 것입니다. 조광윤은 어음법에 따라 적법하게 어음상의 권리를 취득한 것이지요.[181] 그러나 조광윤이 장안지방법원에 권리를 신고하지 아니한 경우에는 누구의 권리가 우선하느냐는 문제가 있습니다.

선의취득자 우선설(善意取得者 優先說)에 따르면 제권판결은 실질적 권리관계에 영향을 미치지 아니하므로 선의취득자인 조광윤의 권리가 우선합니다. 제한적 선의취득자 우선설(制限的善意取得者 優先說)에 따르면 제권판결 이전에 적법하게 권리를 행사한 선의취득자가 제권판결취득자에 우선하여 보호됩니다. 만약 선의취득자 조광윤이 제권판결 전에 발행인 당태종에게

181 어음법16조2항.

어음금의 지급을 청구하였거나 어음금지급청구소송을 제기하는 등 적법하게 권리를 행사하였다면 당현종이 제권판결을 취득하였다 하더라도 조광윤의 권리가 우선하게 됩니다.

그러나 제권판결취득자 우선설(除權判決取得者 優先說)과 대법원에 따르면 제권판결에 의하여 어음이 무효가 되므로, 제권판결 전(前) 선의취득자인 조광윤의 권리가 상실됩니다. 대법원에 따르면 제권판결이 선고된 이상 조광윤이 약속어음의 실질적 권리자라 하더라도 제권판결에 대한 불복(不服)의 소를 제기하여 취소판결을 받아야만 약속어음상의 권리를 주장할 수 있습니다."

제권판결 전 선의취득자와 제권판결취득자의 권리관계에 관한 대법원 판결[182]

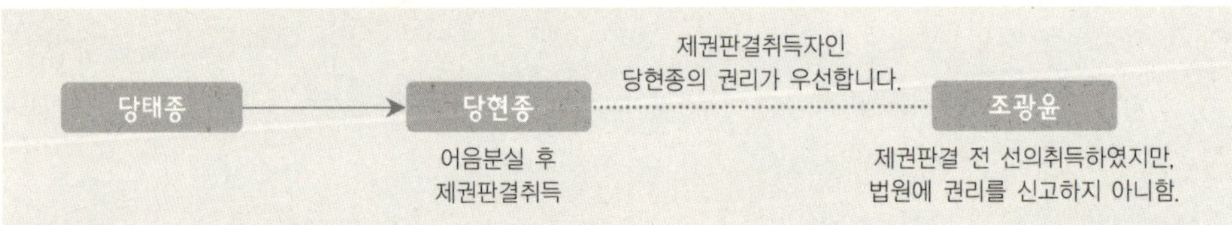

"대법원의 판결에 따르면 조광윤이 약속어음을 소지한 것을 알면서도 당현종이 약속어음의 소재를 모르는 것처럼 행세하여 장안지방법원을 기망하고, 장안지방법원으로부터 제권판결을 얻었다 하더라도 제권판결의 효과로서 조광윤이 소지한 약속어음은 무효가 되어 조광윤은 약속어음상의 권리를 행사할 수 없습니다. 그러나 조광윤은 당현종의 불법행위로 인하여 손해를 당하게 된 것이므로, 당현종은 조광윤에게 불법행위로 인한 손해를 배상할 책임이 있다고 합니다."

182 1990. 4. 27. 선고 89다카16215 판결 등.

법원을 기망하여 제권판결을 취득한 경우 어음소지인의 권리행사방법에 관한 대법원 판결[183]

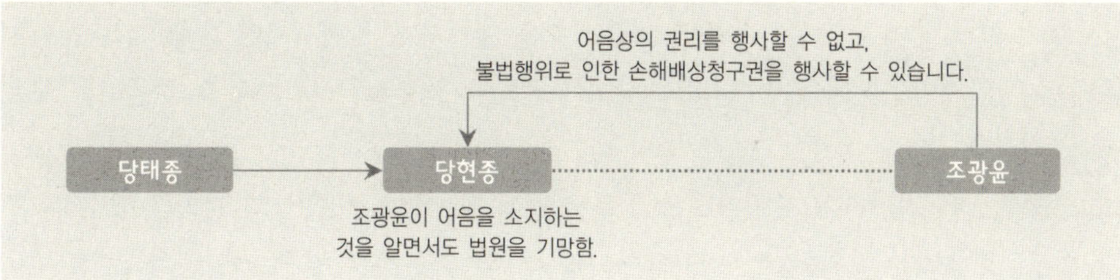

“이러한 판례의 입장에 대하여 검토할 필요가 있습니다. 공시최고절차에 따라 공고를 하는 경우 선의취득자 조광윤이 그 공고를 볼 수 있을까요?”

“쉽지 않을 것 같군요.”

“그렇습니다. 현실적으로 선의취득자 조광윤이 그 공고를 보게 될 가능성이 적으므로, 조광윤이 제권판결 전에 장안지방법원에 권리를 신고할 가능성은 별로 없습니다. 제권판결은 공시최고신청인 당현종의 주장에 의하여 내려지게 되므로, 제권판결만으로 자신의 권리를 주장할 수 있는 기회도 갖지 못한 선의취득자 조광윤의 권리를 상실시키는 것은 부당합니다. 따라서 제권판결 전에 상실된 어음을 선의로 취득한 조광윤의 권리가 보호되어야 합니다.

다만 당현종이 어음을 분실한 후 적법한 절차에 따라 정당하게 제권판결을 얻은 경우에는 제권판결취득자 당현종의 권리도 보호되어야 하므로 조광윤과 당현종의 권리를 절충하여 보호하는 방안을 구상할 필요가 있습니다. 조광윤이 법에 따라 성실하게 권리를 행사하려고 노

183 1995. 2. 3. 선고 93다52334 판결.

력한 경우 그 권리를 보호하고 그러하지 않은 경우 당현종의 권리를 보호하는 방안입니다. 제권판결이 있기 전에 조광윤이 어음금지급소송을 제기하거나 제시기간 내에 어음을 제시한 경우 등은 장안지방법원에 대한 권리의 신고에 준하는 경우로 보아 조광윤의 권리를 보호하는 것이 타당합니다."

"그러면 법원을 기망하여 제권판결을 취득한 경우 소지인이 어음상의 권리를 행사할 수 없고, 불법행위로 인한 손해배상청구권을 행사할 수 있다고 하는 것은 타당한가요?"

"당현종이 장안지방법원을 기망하여 제권판결을 얻은 경우 약속어음의 소지인 조광윤이 어음상의 권리를 행사할 수는 없고 불법행위로 인한 손해배상청구권을 행사할 수 있다고 한다면, 조광윤의 권리행사방법을 불합리하게 제한하는 것입니다. 기만적으로 취득한 제권판결로 인하여 정당하게 약속어음을 소지한 조광윤이 어음상의 권리를 행사하지 못한다고 하는 것은 부당한 것 같군요."

(6) 백지어음

❶ 서설

"왕건이 궁예(弓裔)에게 계속적으로 물건을 공급하였습니다. 궁예는 1993년 5월 15일 담보조로 만기를 기재하지 아니하고 다음과 같은 약속어음을 발행하여 왕건에게 교부하였지요."

약속어음		
		NO. 9
왕건 앞		
일금	일백만원 정	₩1,000,000
위의 금액을 왕건 또는 그 지시인에게 이 약속어음과 상환하여 지급함.		
	발행일 1993. 5. 15.	지급일 . .
지급지	천안시	
지급장소	천안시 삼국동 1-2	
발행지	천안시	
발행인	궁예 ㉞	

"1998년 5월 25일 궁예와 왕건의 거래가 종료되었습니다. 왕건은 2001년 3월 7일 지급일을 기재하지 아니하고 어음금의 지급을 청구하였지만, 궁예는 어음금을 지급하지 아니하였습니다. 왕건이 2001년 7월 30일 지급일을 기재하고 소송을 제기하였습니다.

궁예는 ① 이 어음은 일람출급(一覽出給)어음이며, ② 설사 백지어음이라고 하더라도 보충권(補充權)의 행사기간에 대해서는 3년의 제척기간(除斥期間)이 적용되며, ③ 설사 3년의 소멸시효(消滅時效)가 적용된다고 하더라도 시효가 중단되지 아니한다고 주장하였습니다."

"왕건의 주장이 궁금하군요."

"왕건은 ① 이 어음은 백지어음이며, ② 보충권의 행사기간에 대해서는 3년의 소멸시효가 적용되지만, ③ 시효가 중단되었다고 주장하였습니다. 대법원에 따르면 이 사안에서 누가 승소(勝訴)할 것인가와 그 결과가 타당한지를 검토해보지요."

❷ 백지어음 여부

"궁예는 자신이 발행한 어음이 일람출급어음이라고 주장하고 있습니다. 일람출급어음이 무엇인가요?"

"일람출급(一覽出給)어음이란 지급을 위한 어음의 제시가 있는 날을 만기로 하는 어음입니다. 일람출급어음으로 보는 경우 발행일로부터 1년 이내에 지급을 위하여 제시하여야 하며,[184] 만기로부터 3년이 경과하면 약속어음의 발행인에 대한 어음상의 권리가 소멸합니다.[185] 따라서 궁예의 주장대로 일람출급어음으로 본다면 어음을 발행한 1993년 5월 15일로부터 4년이 경과하면 어음상의 권리가 소멸됩니다."

"백지어음이란 무엇인가요?"

"백지(白地)어음이란 어음요건이 백지인 어음 즉 후일에 어음소지인으로 하여금 어음요건을 보충하게 하기 위하여 어음행위자가 어음요건을 기재하지 않고 기명날인한 미완성어음입니다. 만기가 백지인 어음으로 본다면 만기를 보충해야만 어음상의 권리를 행사할 수 있으며, 어음상의 권리를 행사하는 것이 법률적으로 가능하게 된 때부터 만기를 보충할 수 있습니다. 어음상의 권리를 행사하는 것이 법률적으로 가능하게 된 것은 왕건과 궁예의 거래가 종료된 1998년 5월 25일이므로 이때부터 만기를 보충할 수 있습니다."

"어떠한 어음으로 보느냐에 따라 차이가 크게 되겠군요."

184 어음법34조.
185 어음법70조.

"그렇습니다. 궁예가 발행한 약속어음을 일람출급어음으로 본다면 왕건의 권리가 소멸된 것입니다. 그러나 대법원에 따르면 궁예가 발행한 어음은 백지어음으로 추정됩니다.[186] 통상적인 경우 어음은 일정한 기간 동안 신용을 이용하는 수단으로 활용되고 있으므로, 일람출급어음으로 발행되는 것은 상당히 이례적입니다. 그렇다면 왕건이 소지한 어음을 백지어음으로 추정하는 것이 거래실정에 부합됩니다."

❸ 소멸시효의 적용과 중단 여부

"만기가 백지인 경우 보충권의 행사기간에 대하여 제척기간(除斥期間)이 적용되느냐 소멸시효(消滅時效)가 적용되느냐는 문제가 있습니다. 소멸시효가 적용된다고 하는 학설과 제척기간이 적용된다고 하는 학설로 나뉘어지고 있습니다."

"어떠한 차이가 있는 것인가요?"

"제척기간이 적용되느냐 아니면 소멸시효가 적용되느냐의 차이점은 보통 중단사유(中斷事由)의 적용 여부에 관한 차이라고 할 수 있습니다. 제척기간은 권리자로 하여금 권리를 신속하게 행사하도록 함으로써 법률관계를 조속히 확정시키려는 데 그 제도의 취지가 있는 것으로서, 그 기간의 경과 자체만으로 권리가 소멸하게 됩니다.[187] 따라서 제척기간에 있어서는 중단사유가 존재하지 않습니다. 이에 비하여 소멸시효의 경우에는 청구, 승인 및 가압류 등 다양한 소멸시효의 중단사유가 인정됩니다.[188] 이러한 통상적인 차이가 백지어음에 대하여 그대로 적용된다면 보충권의 행사기간에 대하여 제척기간이 적용되는 경우 어음채무자가 유리하고, 소멸시효가 적용되는 경우 어음소지인이 유리하게 됩니다."

186 1976. 3. 9. 선고 75다984 판결.
187 대법원 1995. 11. 10. 선고 94다22682 판결.
188 민법168조.

"대법원은 어떠한 입장을 취하고 있나요?"

"대법원에 따르면 3년의 소멸시효가 적용된다고 합니다."[189]

"소멸시효가 적용되는 것이 타당한가요?"

"어음법은 어음의 소지인의 권리에 관하여 소멸시효가 적용된다는 다양한 규정[190]을 두고 있습니다. 어음법의 통일적인 해석이라는 측면에서 살펴본다면 만기가 백지인 어음의 권리행사기간에 대해서 소멸시효가 적용된다고 보는 것이 합리적이지요. 따라서 왕건이 소지한 어음에 대하여 소멸시효가 적용된다고 하는 것이 타당합니다."

"그렇다면 시효의 중단 여부에 대해서는 어떻게 판결하였나요?"

"대법원에 따르면 백지어음을 소지한 자가 재판을 통하여 어음상의 권리를 행사하는 경우에는 시효가 중단되지만,[191] 어음채무자에게 어음금의 지급을 청구하는 경우에는 시효가 중단되지 않습니다."[192]

"그렇다면 이 사건에서는 누가 승소하게 되나요?"

"왕건은 백지를 보충하지 아니하고 2001년 3월 권리를 행사하려고 하였습니다. 즉 왕건이 권리를 행사할 수 있었던 날로부터 3년 내에 백지를 보충하지 아니하고 권리를 행사하려고 하였습니다. 소멸시효가 중단되었다면 보충권의 소멸시효가 완성되지 아니하여 왕건의 어음상의 권리가 존재합니다. 그러나 소멸시효가 중단되지 아니하였다면 보충권의 소멸시효가 완성되어 왕건의 어음상의 권리가 소멸합니다. 대법원에 따르면 2001년 3월 왕건의 권리행사가 소멸시효의 중단사유로서 인정되지 아니하므로, 왕건이 2001년 7월 지급일을 기재하고 소송을 제기한 것은 소멸시효가 완성한 후에 소송을 제기한 것입니다. 따라서 이 사건에서는 궁

189 대법원 2003. 5. 30. 선고 2003다16214 판결.
190 어음법70조, 71조, 77조1항8호, 79조.
191 대법원 1962. 1. 31. 선고 4294 민상 110, 111.
192 대법원 1962. 12. 20. 선고 62다680 판결.

예가 승소하게 됩니다.

그러나 이러한 판례의 입장에 대해서는 의문이 있습니다."

"어떤 점에서 의문이 생기나요?"

"소멸시효란 제도를 법에서 인정하고 있는 이유는 오랫동안 자기의 권리를 주장하지 않는 자는 이른바 권리 위에 잠자고 있었던 자이므로 법의 보호를 받을 가치가 없다는 것과 오랜 시간이 지나면 정당한 권리에 대한 증거를 확보하기가 어렵다는 것을 들 수 있지요.

그러나 왕건은 소멸시효가 완성되기 전에 궁예에게 어음금의 지급을 청구하였으므로 권리 위에 잠자는 자가 아니며, 정당한 권리에 대한 증거도 확보하고 있습니다. 따라서 백지어음에 의한 권리의 행사 시에도 시효중단의 효력이 있으므로, 소멸시효가 완성되지 않아서 왕건의 어음상의 권리는 존재하게 되며, 궁예가 왕건에게 어음금을 지급하는 것이 타당합니다."

(7) 어음의 위조와 변조

"권한 없는 자가 타인의 기명날인을 위작(僞作)하여 어음행위를 하는 것을 위조(僞造)라고 하며, 권한 없는 자가 어음의 내용을 변경하는 것을 변조(變造)라고 합니다.

방자가 이몽룡의 허락 없이 자기 마음대로 이몽룡의 도장을 만들어서 이몽룡 명의의 약속어음을 발행하는 경우 어음의 위조가 되며, 이몽룡이 발행한 어음을 양도받은 방자가 일백만 원인 어음금액을 일천만 원으로 변경하는 경우에는 어음의 변조가 됩니다."

❶ 어음의 위조

"위조에 관한 법률문제를 구체적으로 알고 싶군요."

"방자가 이몽룡의 명의로 발행된 어음을 성춘향에게 교부하고, 성춘향이 배서에 의해 월매에게 어음을 양도하고, 월매가 배서에 의해 임권택에게 어음을 양도하였습니다. 어음을 소지한 임권택이 이몽룡에게 어음금의 지급을 청구하였지만, 이몽룡은 위조된 어음이어서 어음금을 지급할 수 없다고 주장합니다. 이 경우 임권택과 이몽룡 중 누가 입증책임을 부담하느냐와 만약 위조된 어음이라면 임권택의 권리는 어떻게 보호될 수 있느냐를 생각해보지요.

어음의 위조 여부가 문제되는 경우 발행인 이몽룡과 소지인 임권택 중 누가 입증책임을 부담할 것이냐는 문제가 있습니다. 이몽룡이 어음을 발행하였다는 사실을 임권택이 입증하여야 할까요? 어음을 발행하지 아니하였다는 사실을 이몽룡이 입증하여야 할까요?"

"역시 법률문제는 쉬운 것이 없다는 생각이 듭니다."

"대법원에 따르면 어음소지인이 어음채무자가 어음행위를 하였다는 사실을 입증하여야 합니다.[193] 이몽룡이 어음을 발행하였다는 것은 적극적인 행위를 하였다는 사실이고, 이몽룡이 어음을 발행하지 아니하였다는 것은 소극적인 행위를 하였다는 사실입니다. 입증책임분배(立證責任分配)의 원칙에 따르면 적극적인 사실의 주장자가 입증책임을 부담하게 되므로, 이몽룡이 어음을 발행하였다는 것을 임권택이 입증할 책임을 지게 됩니다. 이러한 사실을 임권택이 입증한다면 이몽룡이 어음금을 지급할 책임을 지게 됩니다. 이러한 사실을 임권택이 입증하지 못한다면 발행인 이몽룡은 원칙적으로 어음금을 지급할 책임을 부담하지 아니합니다."

193 전원합의부 1993. 8. 24. 선고 93다4151 판결.

"원칙적이란 말은 예외도 있다는 것입니까?"

"그렇습니다. 만약 방자가 어음을 위조하였지만, 이몽룡과 방자가 친한 친구여서 이몽룡이 위조된 어음을 추인(追認)한 경우 어음에 관한 책임을 부담합니다. 그리고 방자가 이몽룡의 피용자(被用者)인 경우 즉 이몽룡이 사업을 하고 있는 바, 방자를 고용하여 특정한 사무에 종사하게 하였다면, 방자가 직무와 관련하여 어음을 위조한 경우 이몽룡은 사용자책임(使用者責任)을 부담할 수 있습니다."

"성춘향과 월매는 어음에 관한 책임을 부담하게 되나요?"

"그렇습니다. 위조된 어음에 기명날인한 자는 기재된 문언에 따라 책임을 지게 됩니다.[194] 성춘향과 월매는 자신의 의사로서 위조된 어음에 배서하였기 때문에 위조된 어음에 기재된 문언에 따라서 어음금을 지급할 책임을 지게 됩니다."

"위조되어 발행된 어음이라도 경제적 가치가 있을 수 있군요."

"그렇습니다. 대법원에 따르면 위조되어 발행된 어음이라도 유효하게 배서한 배서인에 대하여는 소구권을 행사할 수 있으므로, 어음을 보관하다가 분실한 자에게 손해배상을 청구할 수 있습니다."[195]

❷ 어음의 변조

"이몽룡이 다음과 같이 액면금액 2,500만 원, 지급기일 2007년 2월 2일인 약속어음을 발행하여 월매에게 교부하였습니다."

194 어음법7조.
195 1977. 12. 13. 선고 77다1753 판결.

약속어음

NO. 10

월매 앞

일금 이천오백만원 정 ₩25,000,000

위의 금액을 월매 또는 그 지시인에게 이 약속어음과 상환하여 지급함.

발행일 2006. 11. 2. 지급일 2007. 2. 2.

지급지 남원시

지급장소 남원시 춘향동 1-1

발행지 남원시

발행인 이몽룡 ㉄

"월매가 배서에 의해 임권택에게 이 어음을 양도하여 임권택이 어음을 소지하고 있습니다. 본래 어음의 지급기일이 2007년 2월 2일이었지만 2007년 5월 2일로 변경되고, 어음금액은 2,500만 원이었지만 3,000만 원으로 변경되었으며, 변경된 지급기일과 어음금액에 대해서는 발행인 이몽룡의 정정인만이 날인되어 있습니다. 이몽룡은 본래의 지급기일 2007년 2월 2일에 어음금을 지급하지 못할 형편에 이르게 되자 소지인 임권택의 동의를 얻어 약속어음의 금액과 지급기일을 변경한 것입니다. 임권택은 2007년 5월 2일 이몽룡에게 어음을 제시하고 3,000만 원의 지급을 청구할 권리를 갖습니다.

만약 발행인 이몽룡으로부터 어음금을 지급받지 못한다면 어떻게 될까요?"

"소구권을 행사하기는 곤란할 것 같습니다."

"임권택이 배서인 월매에게 변경된 문언에 따른 책임을 추궁하기 위하여는 월매가 변경된 문언에 따라 배서하였거나 월매가 지급기일과 어음금액의 변경에 동의하였다는 점을 입증해야 합니다. 입증을 못하면 임권택이 불이익을 당합니다.

월매가 변조 전에 기명날인하였으며, 지급기일과 어음금액의 변경에 동의를 하지 아니한 이상 변조 전의 원문언(原文言)에 따른 책임을 지게 됩니다.[196] 원래의 문언에 따르면 지급기일이 2007년 2월 2일입니다. 지급기일이 어음에 기재되어 있는 경우 어음의 소지인은 지급을 할 날 또는 이에 이은 2거래일(去來日) 내에 지급을 위한 제시를 하여야 합니다.[197] 따라서 임권택이 월매에게 원문언에 따른 소구의무자로서의 책임을 묻기 위해서는 임권택이 원문언에 따라 적법하게 지급제시를 하였어야 합니다. 이 사례에서는 임권택이 원문언에 따른 지급제시기간 내에 약속어음을 제시하지 아니하였으므로, 임권택의 월매에 대한 소구권은 요건 흠결로 상실되어 원문언에 따른 책임도 추궁할 수 없게 됩니다."[198]

"그런데 어음발행인 이몽룡이 어음의 기재내용을 변경한 경우도 변조에 해당되나요?"

"그렇습니다. 어음발행인이라 하더라도 어음상에 권리의무를 가진 자가 있는 경우에는 이러한 자의 동의를 받지 아니하고 어음의 기재내용에 변경을 가하였다면 변조에 해당된다고 합니다."[199]

196 어음법69조.
197 어음법38조.
198 대법원 1996. 2. 23. 선고 95다49936 판결.
199 대법원 1987. 3. 24. 선고 86다카37 판결.

(8) 선일자수표

❶ 문제 제기

"보험계약자 왕건이 2007년 5월 10일 보험계약의 청약을 하면서 발행일이 2007년 6월 10일로 기재된 선일자수표를 발행하여 교부하였습니다.

조선해상화재보험 주식회사(朝鮮海商火災保險 株式會社)의 약관에 따르면 보험사고가 발생한 때에는 특별한 사정이 없는 한 제1회 보험료를 받은 때부터 보험자의 보험금 지급책임이 발생됩니다."

"이러한 경우 어떠한 문제가 제기될 수 있나요?"

"2007년 5월 30일에 보험사고가 발생한 경우 조선해상화재보험 주식회사가 보험금을 지급할 책임을 부담하느냐는 문제가 있습니다."

❷ 의의

"그런데 선일자수표란 무엇인가요?"

"선일자수표(先日字手票)란 실제 발행일이 수표면상 발행일보다 선일자(先日字)인 수표를 말합니다. 왕건이 보험료를 지급하기 위하여 2007년 5월 10일에 당좌수표를 발행하였지만, 이 당좌수표에 발행일을 2006년 6월 10일로 기재한 경우를 들 수 있지요.

이 경우 실제 발행일이 수표면상 발행일보다 선일자(先日字)가 되므로, 이러한 수표를 선일자수표라고 합니다.

다음과 같은 수표가 왕건이 보험료를 지급하기 위하여 발행한 선일자수표입니다."

당좌수표

지급지 천안시
주식회사 조선은행 천안지점 앞 가라 1234567
일금 일백만원 정 ₩1,000,000
이 수표금액을 소지인에게 지급하여 주십시오
2007년 6월 10일

발행지 천안시
발행인 왕건 ㊞

❸ 보험료를 지급받은 시기

① 서

"조선화재해상보험 주식회사가 보험료를 지급받은 시기를 언제로 보아야 하느냐는 문제가 제기됩니다. 만약 왕건이 실제로 선일자수표를 발행하여 교부한 2007년 5월 10일 보험회사가 보험료를 지급받았다고 본다면 5월 30일 발생한 보험사고에 대하여 보험회사가 보험금을 지급하여야 합니다. 그러나 보험료를 지급받은 시기를 6월 10일 이후로 본다면 보험회사가 보험사고에 대하여 보험금을 지급할 책임이 없습니다. 관련된 판례와 학설을 소개하고, 검토해 보도록 하겠습니다."

조선화재해상보험 주식회사가 보험료를 지급받은 시기와 보험금지급 책임 여부

보험료 지급시기	보험금 지급책임 여부
2007년 5월 10일	보험금 지급책임 발생.
2007년 6월 10일 이후	보험금 지급책임 없음.

② 판례

"먼저 이에 관한 대법원 판결[200]의 법리를 이 사안에 적용하여 보지요.

대법원에 따르면 발행인 왕건과 수취인 조선화재해상보험 주식회사 간에 특별한 합의가 없었다면 수표면상 발행일 2007년 6월 10일 이전에는 지급을 위한 제시를 하지 않을 것이라는 약속이 이루어져 선일자수표가 발행된 것이라고 합니다. 대부분의 경우 선일자수표면상 발행일 이후의 제시기간 내의 제시에 따라 결제된다는 것이지요. 따라서 선일자수표가 실제로 발행된 날에 보험료를 지급하는 효과가 발생되지 아니합니다.

200 대법원 1989. 11. 28. 선고 88다카33367 판결.

대법원에 따르면 선일자수표가 실제로 발행된 날이 보험료의 수령일이 아니므로, 조선화재해상보험 주식회사가 보험금을 지급할 책임이 없다고 합니다."

③ 해제조건부 대물변제설

"판례와 다른 입장을 취하고 있는 학설로서 해제조건부 대물변제설(解除條件附 代物辨濟說)을 들 수 있습니다. 해제조건부 대물변제설이란 해제조건이 부착된 대물변제라는 학설입니다. 즉 해제조건이 부착되어 있으므로, 이 조건이 성취되는 경우 대물변제의 효력이 소멸됩니다.

보험계약자 왕건은 본래 조선해상화재보험 주식회사에게 100만 원의 보험료지급채무(保險料支給債務)를 부담하고 있습니다. 그러나 왕건이 100만 원의 보험료지급채무를 변제하는 것에 갈음하여 당좌수표를 발행하여 교부하는 경우 왕건의 본래의 채무인 보험료 지급채무는 소멸하고, 새로운 채무인 수표금 지급채무(手票金額 支給債務)만 남게 됩니다. 따라서 왕건이 선일자수표를 실제로 발행하여 교부한 때에 보험료가 지급된 것이므로, 선일자수표의 교부시부터 보험자의 책임이 발생됩니다.

다만 대물변제의 효력을 해제하는 조건이 성취되는 경우 그 효력이 소멸됩니다. 부도(不渡)의 경우, 즉 조선해상화재보험 주식회사가 지급은행인 주식회사 조선은행에 대하여 수표금액의 지급을 청구하였지만 지급이 거절된 경우 해제조건이 성취되어 대물변제는 소급적(遡及的)으로 성립하지 않게 됩니다."

대법원과 해제조건부 대물변제설에 의한 사례 해결의 차이

대 법 원	선일자수표를 실제로 발행하여 교부한 날에 보험료를 지급하는 것이 아니므로, 보험사고에 대하여 보험회사가 보상할 책임이 없다.
해제조건부 대물변제설	선일자수표를 실제로 발행하여 교부한 날에 보험료를 지급하는 것이므로, 보험사고에 대하여 보험회사가 보상할 책임이 있다. 다만 선일자수표가 부도처리된 경우에는 보험금을 지급할 책임이 없다.

④ 검토

"보험료를 지급하기 위하여 선일자수표를 발행하고 당사자 사이에 수표면상 발행일자까지 수표의 지급을 유예하기로 하는 경우 수표법상의 강행규정과 당사자 간의 합의내용이 서로 달라지게 됩니다.

두 가지 상이한 기준이 있는 경우, 즉 수표면상 발행일까지 수표의 지급을 유예하기로 하는 당사자 간의 은밀한 약속과 만인에게 공표된 약속인 수표법상의 강행규정이 서로 상충하는 경우 어떠한 기준이 우선되어야 할까요?"

"만인에게 공표된 약속인 수표법상의 강행규정이 우선되어야 할 것 같군요."

"그러한 입장에 따르면 선일자수표의 발행일을 보험료의 수령일로 보기 때문에 보험계약자의 보호에 유리합니다.

다만 보험계약자도 자신의 권리를 보호받기 위해서는 선일자수표면상의 발행일 이전에 수표금액의 지급청구가 있는 경우 당연히 이에 응하여야 할 의무가 있습니다.

즉 보험계약상의 권리를 주장하기 위해서는 그에 따른 보험료의 지급이라는 의무를 이행

하여야 합니다.

그러나 부도가 발생한 경우 다음과 같은 이유 때문에 소급적으로 보험료납입의 효과가 무효가 된다고 하는 것이 타당할 것 같습니다.

① 보험계약자가 발행한 수표가 부도로 처리되는 경우 보험계약자가 그에 관한 책임을 져야 합니다.

② 보험자가 효율적으로 보험사업을 하기 위해서는 부도난 어음이나 수표를 보험료의 납입으로 볼 수 없습니다. 즉 보험자는 납입된 보험료를 재원으로 하여 보험금을 지급하는 바, 수표가 부도로 처리되는 경우 효율적으로 보험사업을 하기가 곤란해집니다."

찾아보기

ㅇ········

ㅈ········